Uli Zeller

Frau Lehmann und der Schneemann

Winter- und Weihnachtsgeschichten
zum Mitmachen für Menschen mit Demenz

BRUNNEN
Verlag GmbH · Giessen

Lektorat: Eva-Maria Busch
Umschlagfoto: shutterstock
Umschlaggestaltung: Daniela Sprenger
Satz: DTP Brunnen
Druck: CPI books
ISBN 978-3-7655-4338-8

www.brunnen-verlag.de

Inhalt

Zu diesem Buch

Im Winter verbringen die meisten Menschen mehr Zeit im Haus. An den langen Abenden ist Zeit zum Spielen und Vorlesen. Kerzen oder Lichterketten zaubern ein stimmungsvolles Licht, es duftet nach Zimt und Tannengrün. Plätzchen werden gebacken, Sterne gebastelt, Geschenke verpackt … Ja, die Advents- und Weihnachtszeit hat ihre besondere Atmosphäre, auch wenn es heute nicht mehr so beschaulich zugeht wie in Kindheitstagen.

Viele unserer Weihnachtsbräuche sind mit Sinneseindrücken verbunden, die sich fest ins Gedächtnis eingebrannt haben. Ältere Menschen werden dadurch oft an schöne Begebenheiten aus ihrer Jugend erinnert.

Auch bei einer Demenz können solche Erinnerungen wieder wach werden – wenn sie angestoßen werden. Beim gemeinsamen Singen von Weihnachtsliedern zum Beispiel fühlt sich der Opa in die Kindheit zurückversetzt. Und der Geschmack von Marzipan oder der Geruch von Orangen kann die Großmutter an Situationen in der Jugend erinnern.

Für mich als Christ darf an Weihnachten – neben allen schönen Bräuchen – Jesus nicht fehlen. Um ihn geht es an Heiligabend und Weihnachten. Der Sohn Gottes kam auf diese Welt. Er ist Gottes Geschenk an uns – darum machen wir uns auch gegenseitig Weihnachtsgeschenke. Die Freude darüber soll in den Geschichten und Aktivierungsideen dieses Buches deutlich werden.

Tipps zum Vorlesen

Tipps sind gut. Aber wenn man versucht, zu viele auf einmal umzusetzen, ist man leicht überfordert. Aus diesem Grund ist mein wichtigster Tipp: Setzen Sie am Anfang nur *eine* Anregung um. Erst wenn diese Verhaltensweise in Fleisch und Blut übergegangen ist, versuchen Sie es mit einem weiteren Tipp.

- Gestalten Sie einen feierlichen Rahmen. Vielleicht singen Sie erst zusammen ein Weihnachtslied, bevor Sie die Geschichte vorlesen. Oder zünden Sie die Kerzen am Adventskranz an.
- Lesen Sie deutlich vor. Mit dementen Menschen muss man nicht lauter reden als sonst, sondern vor allem deutlich. Reden Sie dabei eher etwas zu tief als zu hoch.
- Suchen Sie immer wieder Blickkontakt. Ein kurzer Blick in die Augen signalisiert Aufmerksamkeit. Ein zu langer Blick in die Augen dagegen kann Angst einflößen. Suchen Sie das richtige Maß an Blickkontakt.
- Kündigen Sie an, dass Sie jetzt vorlesen. Sonst fühlt sich Ihr Gegenüber vielleicht überrumpelt. Zeigen Sie das Buch und erklären Sie möglichst in einem Satz, worum es in der Geschichte gehen wird. Erst dann fangen Sie an zu lesen.
- Bauen Sie das Vorlesen als festes Ritual in den Alltag ein. Rituale geben Sicherheit. Vielleicht lesen Sie immer nach dem Frühstück eine Geschichte vor oder machen ein Rätsel nach dem Abendessen. Es kann

auch gut sein, zu Beginn eines Besuchs oder nach dem Aufwachen Redensarten erraten zu lassen oder Rätsel zu lösen. Beides kurbelt die Sprache an.

- Bringen Sie Gegenstände mit, die man sehen und betasten kann. Zum Beispiel Krippenfiguren oder eine Christbaumkugel – je nachdem, was zur Geschichte passt. Vielleicht bringen Sie sogar eine Schüssel voll Schnee mit ins Zimmer und bauen zusammen einen kleinen Schneemann.
- Machen Sie Pausen. Zu viele Worte wirken erschlagend, besonders für Menschen mit Demenz. Manchmal ist weniger mehr. Wenn Sie das letzte Wort eines Satzes besonders hervorheben möchten, pausieren Sie davor einen Augenblick. Machen Sie zwischen zwei Sätzen eine kurze Pause und eine längere zwischen zwei Absätzen.
- Berühren Sie Ihren Zuhörer, wenn er und oder sie das möchte. Manchmal steigert es die Aufmerksamkeit ungemein, wenn man jemandem die Hand auf die Schulter legt. Es gibt aber auch Zuhörer, die das irritiert. Finden Sie die richtige Form für Ihren Gesprächspartner.
- Nehmen Sie sich Zeit. Wer möchte schon gern eine Geschichte hören, wenn der Vorleser unter Zeitdruck steht? Schaffen Sie sich und dem Zuhörer einen geeigneten Rahmen.
- Lockern Sie die Vorlesezeit auf. Zum Beispiel, indem Sie Redensarten erraten lassen oder ein Bild zeigen. Vielleicht erzählen Sie einen Teil der Geschichte mit

eigenen Worten oder Sie stellen Fragen zum Leben von früher.

Bei jeder Geschichte in diesem Buch finden Sie einen Tipp. Oft sind Hilfsmittel genannt, mit denen man die Geschichte noch besser illustrieren kann. Manche Tipps können Sie auch auf andere Geschichten übertragen.
Im Internet auf www.die-pflegebibel.de finden Sie jede Woche meine Kolumne „Uli & die Demenz“ mit vielen weiteren Gedanken und Tipps. Einige Leseproben stehen am Schluss dieses Buches.

Essen und Trinken

Omas Bratapfel

Tipp: Backen Sie gemeinsam Bratäpfel und essen Sie diese zusammen. Unten finden Sie ein Rezept. Genießen Sie den Geruch. Mit etwas Glück weckt ein Bratapfel positive Erinnerungen.

Brrrh. Hier draußen ist es ganz schön kalt. Der eisige Wind weht um Emmas Ohren. Und die Oma wäre schon zweimal beinahe auf ihren Allerwertesten gefallen – so glatt ist die Straße. Die kleine Emma stampft mit dem rechten Fuß auf den Boden. „Oma, warum müssen wir ausgerechnet jetzt draußen spazieren gehen? Ich friere!"

Die Oma schlottert. „Ja, mir ist auch kalt." Behutsam greift die Oma nach Emmas Schal und wickelt ihn ein weiteres Mal um den Hals des Mädchens. Dann sagt sie: „Pass auf, ich habe eine tolle Überraschung. Wir gehen nach Hause – und dann gibt's leckeren Bratapfel. Mit Vanillesoße."

„Bratapfel mit Vanillesoße? Das habe ich ja noch nie gegessen." Emma schaut ihre Oma an.

Endlich sind sie im Haus. Oma und Enkelin halten die Hände neben den Ofen und reiben sie. Die Hände kribbeln und werden langsam wieder warm. Dann backen sie einen Bratapfel.

Ein Bratapfel – wie macht man den eigentlich?

Gut geeignet sind säuerliche Apfelsorten wie Boskop. Berechnen Sie pro Person einen Apfel.

Entfernen Sie mit einem runden Ausstecher das Kerngehäuse (aber nicht ganz durchstechen, sonst läuft die Füllung heraus). Als Füllung eignen sich z. B. Nüsse, Rosinen, Konfitüre, Marzipan, Schokolade ... Je nach Geschmack füllen Sie die Äpfel und dann ab in den vorgeheizten Backofen. Bei 200 Grad etwa 25 bis 30 Minuten backen (bis das Fruchtfleisch weich ist und die Schale etwas aufplatzt). Dazu passt Vanillesauce.

Gesprächsimpuls: Obst und Gemüse im Winter

Welche Winterfrüchte/Gemüsesorten gibt es? Welche Früchte wachsen in der Heimat? Welche Früchte haben wir aus wärmeren Ländern importiert?

In der Heimat wachsen Äpfel, Birnen, Möhren, Rote Bete, Kartoffeln, Sellerie, Fenchel, Kohl, Petersilie, Nüsse, Feldsalat, Kürbis, Zwiebeln ... Aus wärmeren Ländern kommen Orangen, Mandarinen, Zitronen, Grapefruits, Kiwis, Ananas, Kaki, Bananen ...

Richten Sie einen Obstteller mit verschiedenen Früchten an. Zeigen Sie vorher die Früchte als Ganzes. Lassen Sie Ihre Zuhörer je nach Fähigkeiten mitmachen: Vielleicht können sie keine Äpfel mehr schneiden, aber diese vorher waschen. Riechen Sie gemeinsam an dem vorbereiteten Obst, bevor Sie es essen.

Was dem Ochsen wichtig ist

Tipp: Bringen Sie Bilder von verschiedenen Tieren mit.

Die Tiere unterhielten sich einmal über Weihnachten: Was ist wohl die Hauptsache an diesem Fest? Jedes Tier hatte eine andere Meinung.

Der Fuchs knurrte: „Auf die Weihnachtsgans kommt es an. Was denn sonst? Weihnachten ohne Gänsebraten wäre ein fades Fest.“ Dem Fuchs lief schon das Wasser im Mund zusammen, während er daran dachte.“

Da blökte das Schaf: „Määäh, ich finde, eins ist noch viel wichtiger: dass die Herde zusammenkommt. Weihnachten ist ein Fest für die ganze Familie.“

Daraufhin meldete sich ein Glühwürmchen zu Wort: „Mir ist etwas anderes wichtig: das Licht! Überall brennen Kerzen und Lichterketten. Das sieht so schön aus! Die Stimmung ist das Wichtigste an Weihnachten. Ist doch klar.“

Die Elster krächzte dazwischen: „Aber Schmuck ist noch wichtiger. Ich klaue mir jedes Jahr etwas Neues: mal einen Ring, mal eine Kette. Oder wenigstens Lametta und eine Christbaumkugel. Was wäre Weihnachten ohne Glanz?“

Da brummte der Bär: „Aber vergesst nicht all die süßen Sachen: Schokolade, Plätzchen und Marzipan. Die Süßigkeiten sind ganz wichtig. Ohne Naschen gibt es für mich kein Weihnachten."

Der Ochse schüttelte den Kopf: „Ach, hört auf, ich will vor allem eins: saufen. Glühwein und Bier. Likör und Schnaps."

Da holte der Esel aus und trat nach dem Ochsen: „Du bist ein Ochse. Du denkst wieder nur ans Saufen. Aber was ist denn mit dem Kind?"

Der Ochse schämte sich und senkte seinen Kopf. Dann murmelte er: „Ja, du hast recht, Esel. Das Kind in der Krippe. Das ist doch die Hauptsache an Weihnachten."

Der Esel wackelte mit den Ohren. „Sagt mal, wissen die Menschen das eigentlich?"

(nach einer Fabel, vereinfacht)

Redensarten mit Tieren zum Ergänzen

Fuchs, du hast die Gans ge... (-stohlen).
Welcher Vogel ist das? Die diebische ... (Elster).
Er steht davor wie der Ochse vor dem ... (Berg).
Die Ratten verlassen das sinkende ... (Schiff).
Nachts sind alle Katzen ... (grau).
Ein blindes Huhn findet auch mal ein ... (Korn).
Einem geschenkten Gaul schaut man nicht ins ... (Maul).
Eine Schwalbe macht noch keinen ... (Sommer).

Besser der Spatz in der Hand als die Taube auf dem … (Dach).
Den Letzten beißen die … (Hunde).
Der frühe Vogel fängt den … (Wurm).
Wenn es dem Esel zu wohl wird, geht er aufs … (Eis).
Die Katze lässt das Mausen … (nicht).

Gesprächsimpuls: Welche Tiere halten Winterschlaf?

Eichhörnchen, Igel, Haselmäuse, Murmeltiere, Siebenschläfer, Bären …

Viel Geklecker bei Frau Becker

Tipp: Backen Sie gemeinsam. Lassen Sie Ihr Gegenüber helfen, soweit es nicht überfordert. Beispielsweise Mehl wiegen, den Tisch abwischen, Plätzchen ausstechen. Wichtiger als das Ergebnis (das Plätzchen) ist das Gefühl, gebraucht zu werden und etwas Sinnvolles zu tun.

„Das Schönste im Advent ist das Plätzchenbacken“, freut sich Frau Becker. Die alte Dame ist in ihrer Straße als Plätzchenbäckerin bekannt. Im Advent kommen jeden Tag viele Kinder zu ihr.

Frau Becker geht in die Küche. „Wo ist denn das Rezept?“, fragt sie. Leider findet es niemand. Aber das ist nicht schlimm. Frau Becker lacht. „Es ist ja nicht das erste Mal, dass ich Plätzchen backe. Ich weiß, wie das geht.“

Und schon geht es los: Mehl, Eier, Butter und Zucker, Nüsse und noch viele andere Zutaten mischen die Kinder zusammen. Frau Becker sagt: „Und hier ist noch Zimt. So schmeckt Weihnachten, prima!“ Die Kinder rühren und kneten. Zwischendurch naschen sie auch ein bisschen. Einige Nasenspitzen sind weiß von Mehl. Das sieht lustig aus.

Dann rollen sie den Teig aus. Mit verschiedenen Ausstechformen stechen sie Tannenbäume, Sterne und Nikoläuse heraus. Es gibt Plätzchen, die sehen aus wie der Stern von Bethlehem. Andere wie ein Engel. Die ausgestochenen Plätzchen kommen auf ein Backblech und dann in den Ofen. Mmhh, wie das duftet!

Die Plätzchen bei Frau Becker gelingen immer. Am Schluss darf jedes Kind ein paar Kekse mit nach Hause nehmen – und Frau Becker und die Kinder haben in der ganzen Adventszeit etwas zum Naschen.

Tipp: Es gibt ein schönes Lied: „In der Weihnachtsbäckerei“ von Rolf Zuckowski. In dem Lied wird so manche Kleckerei beim Plätzchenbacken beschrieben und es gibt viel zu lachen. Vielleicht finden Sie es auf einer CD oder im Internet. Probieren Sie einfach mal aus, ob Ihrem Gegenüber das Lied gefällt.

Rätsel: Was kann man aus folgenden Zutaten backen?

Eier, Zucker, Vanillezucker und Mehl.
Lösung: Daraus kann man einen Biskuit-Tortenboden backen.
Butter, Eier, Salz, Zucker, Schokolade, Mehl, Backpulver.
Lösung: Das ergibt einen Schokoladenkuchen.

Frau Meier kocht Eier

Tipp: Haben Sie Weihnachtsstress? Dann essen Sie doch mitten im Stress einmal nur eine schlichte Mahlzeit. Genießen Sie das einfache Leben und lesen vor oder nach der Mahlzeit diese Geschichte vor.

„Was wäre Heiligabend ohne ein leckeres Essen?", murmelte Frau Meier. Schon ein paar Wochen vor dem Fest plante sie das Menü: Zuerst wollte sie eine Suppe servieren. Dann, als Vorspeise, sollte es einen Salat mit Räucherlachs und gefüllten Eiern geben. Für den Hauptgang würde sie eine leckere Weihnachtsgans zubereiten. Mit Klößen. Und als Nachtisch plante sie einen Eisbecher mit Obstsalat. „Jawohl", strahlte Frau Meier. „Genau in dieser Reihenfolge. Dann sind alle glücklich. Mein Mann, die Kinder und die Enkel."

Aber halt! Auf einmal rief ihr Enkel Patrick an: „Oma,

ich wünsche mir zu Weihnachten eine entspannte Oma. Eine Oma, die Zeit hat, die nicht nur in der Küche steht. Bitte mach kein großes Menü."

Oma Meier stockte der Atem: Was sollte das? Sechzig Jahre lang hatte sie an Weihnachten gekocht, gebraten und gebrutzelt. Sie fragte: „Aber Patrick, Weihnachten ist ein besonderes Fest. Da muss es ein ganz besonderes Essen geben."

Patrick widersprach: „Nein! Gerade weil es ein besonderes Fest ist, muss die Familie Zeit füreinander haben."

„Genau darum will ich euch doch so richtig verwöhnen", seufzte die Oma.

„Aber du gehörst auch zur Familie!", stellte Patrick klar. „Wenn du nur in der Küche stehst, hast du keine Zeit zum Reden und Spielen, zum Singen und Lachen."

„Hm." Frau Meier runzelte die Stirn. „Aber was wollen wir dann essen?"

Patrick lachte. „Ganz einfach. Koch nur ein paar Eier, für jeden eins. Dazu stellst du Brot und Butter auf den Tisch. Ein bisschen Obst hast du bestimmt auch da. Und wenn jemand mehr Hunger hat, machst du noch ein paar Würstchen warm."

Frau Meier ließ sich auf den Versuch ein: Weihnachten ohne Weihnachtsbraten? Ihr war mulmig zumute. Aber je länger der Heilige Abend dauerte, umso mehr merkte sie, wie fröhlich die Gäste wurden. Auch ohne Braten. Und das Schönste: Frau Meier hatte selbst Zeit zum Genießen.

Ihr Mann lobte sie. „Was wäre Heiligabend ohne Zeit?",

fragte er. „Ich bin richtig stolz auf meine Frau. Sie weiß, was wichtig ist im Leben. Sie nimmt sich Zeit für die Familie. Das ist wertvoller als jeder Weihnachtsbraten."

Gesprächsimpuls: Was gibt es an Heiligabend immer zu essen?

Würstchen und Kartoffelsalat, Schnitzel mit Kartoffelsalat, Heringssalat, Linsen mit Bockwurst, Rinderzunge, Ente, Gänsebraten, Rollschinken und Sauerkraut, Karpfen? Vielleicht sagt auch jemand: Wir waren früher arm und es gab wenig zu essen …

Eine Tasse für den Winter

Tipp: Bringen Sie Tassen mit verschiedenen Wintermotiven mit.

Immer Ende November holt Heidrun ihre Winterkiste vom Speicher. Darin befinden sich allerlei Strohsterne, die Krippenfiguren und eine Lichterkette. Aber noch etwas befindet sich in der Kiste: Heidruns Lieblingstasse. Die Tasse ist aus Porzellan. Sie ist rot. Ein Stern ist darauf gebrannt. „Jedes Jahr freue ich mich, wenn ich wieder aus dieser Tasse meinen Früchtepunsch trinken kann“, sagt Heidrun zu ihrem Mann Max. Sie packt die Tasse aus der Kiste. Im Topf auf dem Herd wärmt sie ein Gemisch aus Pflaumensaft und Kräutertee. Der Geruch zieht durch die Wohnung. Heidrun gibt noch Zimt und Sternanis hinzu. Sie rührt den Punsch um. Dann schenkt sie ein. Die Tasse dampft vor sich hin. Heidrun nippt an der Tasse. „Wie schön“, sagt sie. „Mein Lieblingspunsch aus meiner Lieblingstasse.“

Dann geht Heidrun in die Küche. Sie stellt die leere Tasse zum Spülen ins Becken und kommt zurück.

Max sagt sich: „Jetzt mache ich meiner Frau eine Freude – und spüle ab.“ Er geht in die Küche und lässt heißes Wasser ins Spülbecken laufen. Noch ein Tropfen Spülmittel dazu, schon beginnt es zu schäumen. Max nimmt den Lappen und wischt die Tasse aus. Als er sie aus dem Wasser nimmt, passiert es – die Tasse gleitet aus seinen Händen und fällt auf den Boden. Es scheppert laut. Auf dem Boden liegen viele Scherben. „Oh nein“, ärgert sich Max. „Das war doch Heidruns Lieblingstasse.“

Da kommt Heidrun in die Küche. Max ist ganz kleinlaut. Traurig deutet er auf den Boden und sagt: „Schau nur, Heidrun, was passiert ist. Ich habe deine Lieblingstasse kaputt gemacht.“

Heidrun nimmt Max in den Arm. Sie sagt: „Das ist doch nicht schlimm. Natürlich – es war meine Lieblingstasse. Aber viel wichtiger als die Tasse ist mir doch, dass ich einen Mann habe, der mich lieb hat und sogar für mich abspült.“

Max ist verdutzt. Er schaut seine Frau an: „Wirklich?"

„Ja", lächelt Heidrun. „Auch wenn du ab und zu mal Geschirr zerdepperst – ich habe dich trotzdem lieb."

Max strahlt. Am nächsten Tag geht er in die Stadt, um eine neue Tasse zu kaufen. Die will er Heidrun zu Weihnachten schenken. Nicht, weil er damit etwas gutmachen will – sondern weil er seine Frau lieb hat.

Sammeln Sie passende Begriffe

In der Küche findet man: *Tassen, Teller, Töpfe, Messer, Gabeln, Gläser, Schüsseln …*
Dinge, die kaputt gehen können: *Tassen, Fenster, Autoreifen, Kühlschrank, Brillen …*
Jahreszeiten: *Frühling, Sommer, Herbst, Winter*
Wintersport: *Skifahren, Rodeln, Schneewandern, Schlittschuhlaufen …*
Was hat der Nikolaus in seinem Sack? *Nüsse, Orangen, Mandarinen, Äpfel, Schokolade …*

Nach dem Essen sollst du ruhn

Tipp: Lesen Sie diese Geschichte nach dem Mittagessen – am besten vor dem Mittagsschlaf.

Heinz hat den Grill angeheizt. Die Holzkohlen verbreiten einen heimeligen Geruch. Seit ein paar Jahren haben

Lydia und Heinz entdeckt, dass man auch im Winter grillen kann. Der Grill steht draußen auf der Terrasse, gegessen wird drinnen.

Diesmal hat Heinz alles auf den Grill gelegt, was das Herz begehrt: rote und weiße Grillwurst, Bratwurstschnecken und gewürzte Steaks. O wie lecker! Schon beim Grillen läuft Heinz das Wasser im Mund zusammen. Er murmelt: „Also, das schmeckt mir besser als jede Gans."

Lydia deckt inzwischen den Tisch in der Stube. Sie dekoriert mit gelben Servietten und Tannenzweigen. Dann stellt sie noch Brot, eine Gurke und Tomaten, einen Kartoffelsalat und einen grünen Salat auf den Tisch.

Endlich ist das Fleisch vom Grill fertig. Heinz und Lydia lassen es sich schmecken: Salat, Gemüse und Brot, Wurst und Fleisch.

„Hmmm, war das gut!", meint Lydia.

Heinz seufzt: „Jetzt bin ich pappsatt."

„Dann solltest du eine Runde schlafen", lächelt Lydia. „Du weißt doch: Nach dem Essen sollst du ruhn oder tausend Schritte tun."

Heinz sagt: „Heute will ich lieber ruhen. Draußen ist es mir zu glatt." Und er legt sich aufs Sofa. Bald schnarcht er und träumt vom Christkind und vom Nikolaus, von Grillwurst, von Gurken und Tomaten – und von Lydia.

Dankgebet fürs Essen

Danke, lieber Gott, dass du uns so reich beschenkst. Ich habe ein Dach über dem Kopf und immer genug zu essen. Das ist nicht selbstverständlich. Ich habe schon ärmere Zeiten erlebt. Ich danke dir für die reichen Zeiten und ich danke dir für die armen Zeiten in meinem Leben. Und vor allem danke, dass du immer bei mir warst. Amen.

Mit allen Sinnen genießen

Tipp: Lesen Sie diese Geschichte vor, wenn es draußen dunkel, regnerisch oder ungemütlich ist.

Die Schwestern Petra und Doris freuen sich auf die ruhigen Tage im Winter. Abends wird es früh dunkel. Dann müssen die beiden Frauen draußen nicht mehr so lange arbeiten.

„Der Winter ist eine Zeit zum Genießen", sagt Petra. Und sie genießt. Mit allen Sinnen.

Als sie ein Glas Wein trinkt, schwärmt sie: „Ich halte das Glas ins Licht und schaue mir die Farbe an." Im Winter trinkt Petra meistens roten Wein. Er glänzt und funkelt im Licht. Dann riecht Petra am Wein. „Wie fruchtig das duftet", sagt sie. Wenn sie einen Schluck genommen hat, schnalzt sie leise mit der Zunge. „Der Wein ist schön trocken."

„Prost, Doris", lächelt Petra.

Doris genießt noch viel lieber Kaffee. „Das ist jeden Morgen so ein wunderschönes Geräusch, wenn die Kaffeemaschine leise gluckert." Der Kaffeeduft breitet sich in der ganzen Wohnung aus. Und wenn Doris den Kaffee in die Tasse gießt, beobachtet sie, wie er sich mit der weißen Milch vermischt.

Doris ist eine Genießerin. Wie Petra auch. Im Winter sagt Doris: „Wenn es draußen kalt wird, ist das eine geschenkte Zeit. Dann bin ich eben mehr in der Wohnung – und nutze die Stunden zum Genießen."

Was genießen Sie in der Adventszeit?

Mögliche Antworten:
Plätzchen backen und essen
Glühwein kochen und trinken
Geschenke kaufen, einpacken und verschenken
Adventskranz binden
Adventsdekoration basteln
Kerzen anzünden
Geschichten vorlesen
Die Nachbarn besuchen
In die Kirche gehen
Weihnachtskarten schreiben
Adventslieder singen
Ein Konzert besuchen
Verwandte anrufen

Rätsel und Rategeschichten

Rätseln macht Spaß. Besonders, wenn das Gedächtnis noch einigermaßen mitspielt. Dann erlebt Ihr Zuhörer das schöne Gefühl: Ich kann noch was. Ich sage mir beim Vorlesen und Rätseln daher immer wieder: Ich bin kein Lehrer im Klassenzimmer und muss keine richtigen Antworten abfragen. Eigentlich gibt es jetzt auch gar kein „Richtig" oder „Falsch", sondern nur mehr oder weniger kreative Lösungen. Ich versuche alles Gesagte positiv aufzunehmen, selbst wenn es total falsch klingt. Es gibt sicher eine Möglichkeit, die Antwort dennoch wertschätzend aufzunehmen und etwas Richtiges daran zu finden.

Wie heißt das Weihnachtslied richtig?

Tipp: Summen Sie die Melodie des jeweiligen Liedes oder singen Sie die ersten Worte. Lesen Sie zunächst den falschen Titel vor. Lesen Sie dann den richtigen Titel vor und lassen Sie das letzte Wort raten.

„O du ölige" … Da stimmt etwas nicht.
Das Lied heißt: „O du … *fröhliche.*"

„In Bethlehem erfroren“ … Stimmt das? Gibt’s auch nicht!
Richtig ist: „In Bethlehem … *geboren.*“

„Ich steh mit meiner Sippe hier“ … Stimmt das? Nein.
Es heißt: „Ich steh an deiner … *Krippen hier.*“

„Es ist die Hos gesprungen“ … Dieses Lied gibt’s doch nicht.
Richtig heißt es: „Es ist ein … *Ros entsprungen.*“

„Ins Kinderheim kommet“ … Nein, das ist auch falsch!
Sondern: „Ihr Kinderlein ... *kommet.*“

„Wilde Schlacht, eilige Pracht“ … Stimmt das? Nein!
Richtig ist: „Stille Nacht, heilige … *Nacht.*“

„Wir klagen euch an im schönen Hemd“ … Das ist nicht richtig.
Es heißt: „Wir sagen euch an den lieben ... *Advent.*“

„Tochter Lion, scheue dich“ … Auch das stimmt nicht so ganz.
Das Lied heißt: „Tochter Zion … *freue dich.*“

„O Mailand, bald ist Butter drauf“ … Das klingt fremd.
Besser ist: „O Heiland, reiß die … *Himmel auf.*“

„Komm raus ans Riff zum Baden" ... Nie und nimmer!
Richtig ist: „Es kommt ein Schiff ... *geladen.*"

„Ein Schimmel hoch kommt grad daher" ... Stimmt das? Nein!
Richtig ist: „Vom Himmel hoch, da komm ich ... *her.*"

Zweizeiler zum Mitraten

Auch die folgenden Zweizeiler spielen mit dem Klang von Wörtern. Es handelt sich um Paarreime. Das bedeutet: Die letzten Wörter beider Zeilen reimen sich. Daher empfehle ich, das letzte Wort der jeweils ersten Zeile deutlich zu betonen – und dann vor dem letzten Wort einen Augenblick Zeit zum Raten zu lassen.

Vor dem Fenster wirbeln Flocken.
Doch in der Stube ist es ... trocken.
Besser am Tag als in der Nacht
machen wir 'ne Schneeball... -schlacht.
Jedem Schneemann stehn sie gut:
Rübennase und schwarzer ... Hut.
Auf den Seen liegt das Eis:
Bäume und Seen sind ganz ... weiß.
Am 6. Dezember kommt er ins Haus
mit weißem Bart: der Niko... -laus.

Wach sind Kühe, Hund und Schaf,
Mäuse und Igel halten Winter… -schlaf.
Die Pflanzen im kalten Garten
draußen auf den Frühling … warten.
Egal, ob ich jung bin oder alt,
wir alle finden es draußen … kalt.
Brennen in der Stube Kerzen,
wird's vielen warm in ihrem … Herzen.
An Silvester wird es kälter
und der Kalender wird ein Jahr ... älter.

Aus eins mach hundert

Schreiben Sie ein sehr langes Wort auf ein großes Papier (vielleicht haben Sie ein Flipchart zur Verfügung). Wichtig ist, dass der Begriff viele verschiedene Buchstaben enthält. Das Wort muss nicht im Duden stehen, Hauptsache, es ist originell.

Beispiel:

„Weihnachtsbaumschmuckaufbewahrungskartondeckel"

Nun sollen die Teilnehmer neue Wörter formen, in denen Buchstaben aus diesem Begriff vorkommen. Zum Beispiel: Kraut, Bier, Hase, eins, neu, alt, teuer, Halunke, ebenfalls ...

Je mehr Wörter Sie finden, umso besser. Auch wenn

Sie nicht hundert neue Begriffe aus dem einen Wort finden – der Spaß ist das Wichtigste.
Weitere Beispiele für den Winter:
„Weihnachtsliederkassettenhülle“,
„Schneemannnasenkarotte“,
„Wintergymnastikanzugtasche“,
„Adventsgeschichtenvorlesebuch“,
„Hagebuttenteetassenuntertellergoldrand“.

Ihr schönstes Weihnachtsgeschenk

Unterhalten Sie sich über Geschenke. Was war früher oder in der Kindheit das schönste Weihnachtsgeschenk, an das Sie sich erinnern? Was ist heute Ihr schönstes Geschenk?
Mögliche Antworten:
Meine Familie – Gesundheit ...
Oder das ein oder andere emotionale Geschenk aus der Vergangenheit:
Pullover – Hemd – selbst gestrickte Mütze – Kassettenrekorder – Ohrringe ...
Vielleicht sagt jemand auch:
Wir mussten mit dem zufrieden sein, was wir hatten. – Wir waren arm. Es gab keine Geschenke.

Was steht in der Weihnachtskrippe?

Tipp: Betrachten Sie das Bild einer Weihnachtskrippe. Welche Figuren stehen dort?

Maria und … Josef.
Die Weisen aus dem Morgen… -land.
Der Hirte und seine … Schafe.
Ochse und … Esel.
Und in der Krippe liegt … Jesus.

Memory spielen

Das bekannte Gesellschaftsspiel „Memory" heißt auf Deutsch „Gedächtnis". Es trainiert das Erinnerungsvermögen, macht eine Menge Spaß und kann leicht selbst gebastelt werden. Probieren Sie es doch mal mit Advents- und Weihnachtsmotiven: Weihnachtsbaum, Kerze, Stern, Lebkuchen, Nikolaus. Schneiden Sie aus Karton Kärtchen aus und bekleben jeweils zwei mit identischen Bildern (ggf. kopieren). Lustig ist es auch, wenn Sie Fotos von Verwandten oder Bekannten des Betroffenen verwenden. Dabei üben Sie ganz nebenbei die Namen.

Fangen Sie mit vier Kartenpaaren an. Ist das Spiel zu

schwer, benutzen Sie weniger Karten. Ist es zu leicht, spielen Sie mit mehr Karten.

Redensarten zum Mitraten

Redensarten sind festgefügte Wendungen, oft auch bildhafte Ausdrücke. Sprichwörter sind ebenfalls feste Wendungen, die eine Lebensweisheit enthalten. Sowohl Sprichwörter als auch Redensarten haben sich tief ins Gedächtnis eingegraben, denn sie wurden ein Leben lang regelmäßig benutzt. Darum sind sie auch dementen Menschen oft noch bekannt. Geschichten und Rätsel mit Redensarten sind eine gute Chance, das Gedächtnis zu trainieren – und sie machen Spaß.

Nennen Sie den Anfang der Redensart. Machen Sie vor dem letzten Wort oder der letzten Silbe eine kurze Pause und geben Sie Ihrem Zuhörer die Gelegenheit, das Sprichwort zu ergänzen. Ergänzt er es nicht, vollenden Sie den Satz selber – ohne dass eine peinlich lange Pause entsteht. Ideal ist, wenn Sie einige Redensarten nacheinander erraten lassen. Aus diesem Grund finden Sie unten die Redensarten jeweils in Gruppen geordnet.

Fangen Sie mit zwei bis drei sehr gut bekannten Redensarten an. Das motiviert, um weiterzuraten. Die schwereren Redensarten kommen in die Mitte der Redensarten-Kolonne. Und zum Schluss enden Sie wieder mit leichteren Redensarten. Das hinterlässt ein gutes Aha-ich-weiß-es-Gefühl. Verwenden Sie nicht zu viele Redensarten am Stück, um die Zuhörer nicht zu überfordern.

Tier und Natur: Ein Gesicht wie drei Tage Regenwetter

Säge nicht an dem Ast, auf dem du ... (sitzt).
Er schmiert ihr Honig um den ... (Mund).
Wasser predigen und Wein ... (trinken).
Er kommt auf keinen grünen ... (Zweig).
Da weht ein anderer ... (Wind).
Einem geschenkten Gaul schaut man nicht ins ... (Maul).
Untergehen mit Mann und ... (Maus).
Er macht den Bock zum ... (Gärtner).
Damit kann man keinen Hund hinter dem Ofen hervor... (-locken).
Der Mensch ist ein Gewohnheits... (-tier).

Winterlieder und Redensarten zum Raten und Ergänzen

Er freut sich wie ein Schnee... (-könig).
Das ist Schnee von ... (gestern).
Schneeflöckchen, Weiß... (-röckchen).
A, B, C – die Katze lief im ... (Schnee).
Geld im Alter ist wie Schnee im ... (Juni).

Lässt der November die Füchse bellen, wird der Winter viel Schnee be... (-stellen).
Wir tanzen den Schnee... (-walzer).
Das Eis ist ge... (-brochen).
Schneewittchen und die sieben ... (Zwerge).
Zwei Spuren im ... (Schnee).
Sie führt ihn aufs Glatt... (-eis).

Nikolaus

Frau Klaus wird zum Nikolaus

Tipp: Überlegen Sie gemeinsam, ob Sie jemandem ein Geschenk machen können.

Frau Klaus ist neu ins Altenheim gezogen. Man sieht und hört aber nichts von ihr. Frau Klaus zieht sich in ihr Zimmer zurück. „Die anderen Bewohner sind so komisch", klagt Frau Klaus.

Beim Mittagessen sitzt Frau Klaus immer einer anderen Dame gegenüber. Aber ... als Dame würde Frau Klaus diese Person eigentlich nicht bezeichnen! Frau Klaus schüttelt den Kopf. „Die Frau benutzt häufig Schimpfwörter und hat immer schlechte Laune."

Das mag Frau Klaus nicht.

Und dann ist da der Mann, der im Zimmer neben Frau Klaus wohnt. Er schaut sie immer so misstrauisch an – als ob Frau Klaus etwas verbrochen hätte.

Am 5. Dezember hat Frau Klaus Besuch von ihrem Enkel. Es ist der Abend vor dem Nikolaustag. Der Enkel hat für Frau Klaus einen Sack voller Leckereien mitgebracht: Lebkuchen, Erdnüsse, Mandarinen und Schokolade.

„So viel kann ich gar nicht essen", wehrt Frau Klaus ab.

Da antwortet ihr Enkel: „Wo ist das Problem, Oma? Du kannst es doch verschenken."

Gute Idee, denkt Frau Klaus. In der Nacht schleicht sie auf den Gang des Altenheims. Vor die Türen der anderen Bewohner legt sie eine kleine Überraschung: einen Tannenzweig, Nüsse, Orangen oder Marzipan. Auch bei der mürrischen Frau, die ihr beim Essen gegenübersitzt. Und bei ihren Zimmernachbarn.

Am nächsten Morgen wundert sich Frau Klaus. Ihre Nachbarn sind anders. Sie lächeln. Keiner lästert. Frau Klaus hört kein Schimpfwort mehr. Und niemand schaut misstrauisch oder böse.

Frau Klaus beobachtet ihre Mitbewohner und freut sich. Sie murmelt: „Vielleicht gefällt es mir hier ja eines Tages doch noch."

Wer bin ich?

Tipp: Machen Sie nach jedem Punkt eine Pause.

Ich komme immer im Winter. Im Dezember. Und zwar am 6. Dezember. Ich habe einen roten Mantel. Dazu eine rote Mütze und einen langen Bart. Ich komme zu den Kindern. Und manchmal auch zu den großen Leuten. Ich stütze mich auf einen Stab. Einen Sack mit Geschenken hab ich auch dabei. Manchmal begleitet mich mein Knecht. Mein Knecht heißt ... Ruprecht. Ich gehe von Haus zu Haus.

Und ich bin der Niko... (-laus).

Wer ist eigentlich der Nikolaus?

Vor langer, langer Zeit lebte ein Mann, der hieß Nikolaus. Er war ein Bischof. Man sagt von ihm, dass er viel Gutes getan hat. Er soll sogar Wunder vollbracht haben. Einmal, so wird erzählt, beschenkte er eine arme Frau. Er warf einen Goldklumpen in ihre Stube. Damit konnte die arme Frau ihre Schulden bezahlen.

An diesen guten Mann erinnern wir uns noch heute. Jedes Jahr kommt der Nikolaus am 6. Dezember und beschenkt Kinder. Der Nikolaus trägt eine Bischofsmütze und einen Hirtenstab. Die Geschenke bringt er in einem Sack. Oft hat er Mandarinen, Nüsse und Lebkuchen dabei.

Advent, Advent, der Nikolaus rennt

Tipp: Zünden Sie gemeinsam eine Kerze an. Genießen Sie die Wärme und das Licht, das sie ausstrahlt. Passen Sie auf, dass die Kerze keinen Brand auslöst. Achtung: Manchmal werden ältere Menschen durch Kerzen an den Stromausfall während des Krieges erinnert. Verzichten Sie dann besser darauf. In vielen Heimen ist offenes Feuer ohnehin verboten. Ersetzen Sie die Kerze dann durch eine stimmungsvolle Lichterkette.

Der Nachbarsjunge klingelt am ersten Advent bei Gertrud. „Ich soll Ihnen etwas bringen. Von meiner Oma.“ Schon sind die beiden im Wohnzimmer. Der Junge packt einen Tannenzweig aus und legt ihn auf den Tisch. Gertrud strahlt. Sie stellt eine Kerze dazu. Dann nimmt sie ein Streichholz und zündet es an. Sie formt ihre Hände wie einen Trichter, legt sie um die Kerze – und lächelt, als sie die Wärme spürt.

Da sagt der Junge: „Advent, Advent, ein Lichtlein brennt.“

Leider hört Gertrud etwas schlecht. Sie legt die Stirn in Falten. Dann wiederholt sie, was sie verstanden hat: „Advent, Advent, der Nikolaus brennt?“

„Nein.“ Der Junge zeigt auf das Fenster, in dem sich das Licht der Kerze spiegelt. „Advent, Advent, ein Lichtlein brennt.“

Nun glaubt Gertrud, es verstanden zu haben. Denn hinter dem Fenster wohnt die Nachbarin Frau Maier.

Gertrud wiederholt: „Advent, Advent, Frau Maier rennt? Na, das will ich hoffen, wenn der Nikolaus brennt.“

Der Junge lacht. „Quatsch! Advent, Advent, ein Lichtlein brennt.“

Jetzt hat Gertrud es verstanden. „Ach so. Advent, Advent, ein Lichtlein brennt.“

Gesprächsimpulse zum Thema Nikolaus

Kam zu Ihnen als Kind der Nikolaus?
Hat der Nikolaus Geschenke gebracht?

Haben Sie einen Teller oder einen Stiefel vor die Tür gestellt?
Haben Sie als Kind für den Nikolaus ein Gedicht aufgesagt?
Haben Sie gemeinsam etwas gesungen?

Advent

Frau Schmitt bleibt fit

Eine Bewegungsgeschichte

Tipp: Machen Sie die Bewegungen gemeinsam.

Der Weihnachtsbaum steht in Frau Schmitts Wohnzimmer. Die Sonne strahlt durch das Fenster. Der Baum leuchtet grün und frisch. In der Stube riecht es nach Harz.

„Sodele“, sagt Frau Schmitt. „Und jetzt wird der Baum geschmückt.“

Wenn man einen Baum schmückt, macht das viel Arbeit. Vielleicht schmücken Sie dieses Jahr keinen Baum. Aber wir können die Bewegungen mitmachen, die Frau Schmitt tut.

Frau Schmitt sagt: „Zuerst hole ich den Weihnachtskarton vom Speicher.“ Sie steigt die Treppen hinauf. Schritt für Schritt. *Machen wir große Schritte, wie wenn wir die Treppen hochsteigen würden.*

Dann bläst Frau Schmitt den Staub vom Karton. *Dazu holen wir tief Luft. Und dann atmen wir kräftig aus. Und dann noch ein zweites Mal. Und ein drittes Mal. Haben Sie allen Staub weggeblasen? Prima.*

Dann geht es wieder die Treppen hinunter. Mit den Händen hält Frau Schmitt den Karton fest.

„Und nun mache ich den Karton auf", erklärt sie. Sie öffnet den Deckel. Dabei bewegt sie die Arme in einem hohen Bogen. *Strecken und dehnen wir gemeinsam die Arme.*

Nun packt Frau Schmitt die Kugeln aus. Jede einzelne nimmt sie aus dem Karton und hängt sie an den Baum. *Wir gehen mit dem rechten Arm in den Karton. Dann greifen wir zu. Die Kugeln nehmen wir nach oben und halten sie an den Baum. Dann brauchen wir die zweite Hand, um die Kugeln aufzuhängen. Das wiederholen wir ein paarmal.*

Aber nicht nur ganz oben dekoriert Frau Schmitt den Baum. Auch unten. Dabei erklärt sie: „Ich gehe in die Knie und dann hänge ich auch unten Kugeln auf." Und dann muss sie sich strecken – und die Christbaumspitze aufstecken. *Wir stehen – wenn möglich – ebenfalls auf und strecken uns nach oben.*

So ein schöner Baum, freut sich Frau Schmitt.

Redensarten, Lieder und Werbesprüche voller Bewegung:

Wer rastet, der … rostet.
Sich regen bringt … Segen.
Sport ist … Mord.
Sie nimmt die Beine in die … Hand.
Milch macht müde Männer … munter.
Er hüpft von einem Bein aufs … andere.

Er springt über seinen eigenen ... Schatten.
Sie ist den ganzen Tag auf den ... Beinen.
Kommt ein Vogel ge... -flogen.
Summ, summ, summ. Bienchen summ ... herum.
Das Wandern ist des Müllers ... Lust.

Eine Christbaumkugel erzählt vom Advent

Tipp: Bringen Sie eine Christbaumkugel mit. Oder machen Sie eine Pause, während Sie zusammen den Weihnachtsbaum dekorieren. Dann lesen Sie diese Geschichte vor.

„Ich heiße Rundini“, sagt die Christbaumkugel. „Warum Rundini? Weil ich so schön rund bin. Ich bin rot. Und ich glänze. Wenn die Menschen in mich schauen, können sie sich selber sehen.“

Rundini befindet sich die meiste Zeit des Jahres in einer Schachtel im Keller bei Familie Baumann. Ende des Jahres holen sie die Kiste in die Wohnung. Dann kramen sie auch die Christbaumkugel Rundini heraus.

„Oft habe ich Weihnachten miterlebt“, erzählt Rundini. „Es lief jedes Jahr ähnlich ab. Ich habe viel gesehen.“

Rundini hat beobachtet, wie Herr und Frau Baumann viele Päckchen packten. Diese mussten vor Weihnachten fertig sein. Die Familie wollte vielen Menschen eine

Freude machen. Sie schenkte dem Bäcker und dem Metzger ein Päckchen, den kranken Kindern im Krankenhaus, aber auch dem Pfarrer und dem Lehrer. Jedes Päckchen war mit einem bunten Band verziert. Und unter der Schleife befand sich ein Tannenzweig.

Die Christbaumkugel Rundini erzählt: „Die ganzen Päckchen packt Frau Baumann auf den Leiterwagen. Und dann fährt Herr Baumann damit los. Manche bringt er aufs Postamt. Andere liefert er direkt bei den Menschen ab, denen er eine Freude machen möchte."

In der Adventszeit kann Rundini im Haus viel beobachten. „Die Kinder sticken, häkeln, kleben und malen", sagt die Christbaumkugel. „Sie basteln viele Geschenke. Und mit den Erwachsenen zusammen sägen, feilen und lackieren sie. Die Eltern lesen ihren Kindern abends eine Geschichte vor."

Rundini freut sich: „Ich als Christbaumkugel komme immer in dieser schönen Jahreszeit zum Einsatz." Vom Baum aus kann sie allen gut zuschauen. Und jedes Jahr freut sie sich mit der Familie Baumann.

Nur etwas trübt die Freude der Christbaumkugel. Rundini flüstert: „Im letzten Jahr hing ich zu nah an eine Kerze." Da hat sie sich versengt. Seitdem ist da ein großer schwarzer Fleck an der Kugel.

„Das ist schade", sagt sie. „Denn weil ich nun diesen Fleck an mir habe, hänge ich nicht mehr vorne am Weihnachtsbaum, sondern Frau Baumann hängt mich immer nach hinten. Jetzt bekomme ich leider nicht mehr alles mit, was die Familie an den Feiertagen tut."

Aktivierung: Schmücken Sie zusammen den Weihnachtsbaum oder schauen Sie ihn zusammen an und bestaunen die glänzenden Kugeln.

Kerze und Teller unterhalten sich

Tipp: Die folgende Geschichte können Sie beim Adventskaffee vorlesen. Zünden Sie dazu eine Kerze an.

Jedes Jahr steht auf dem Wohnzimmertisch der Teller für die Weihnachtskekse. Er ist blau mit vielen goldenen Sternen. Und jedes Jahr sieht der Teller neben sich eine neue Adventskerze auf dem Tisch.

Bis jetzt war der Keksteller immer ganz stumm. Aber in diesem Jahr nimmt er an einem Abend allen Mut zusammen. Als die Menschen schlafen gegangen sind und er ganz alleine mit der Kerze im Wohnzimmer ist, da fragt er: „Sag mal, Kerze, warum wirst du eigentlich jeden Tag kürzer?"

Die Kerze antwortet: „Weil ich eine Adventskerze bin. Auf mir siehst du 24 Zahlen. Und jeden Tag brennt ein Stück von mir herunter."

Der Weihnachtsteller meint: „Aber das ist ja traurig. Dann bist du am Ende der Adventszeit abgebrannt – und es gibt dich nicht mehr."

„Na ja", überlegt die Kerze laut. „Vielleicht ist das

schon traurig. Aber ich habe dann 24 Tage lang geleuchtet und den Menschen eine Freude gemacht."

In den nächsten Tagen reden der Weihnachtsteller und die Kerze kein einziges Wort mehr miteinander. Beide konzentrieren sich ganz auf ihre Aufgaben. Die Kerze brennt und leuchtet den Menschen – der Keksteller ist damit beschäftigt, die Kekse bereitzuhalten.

Einige Abende später, als alle Menschen schlafen, fragt die Kerze: „Lieber Weihnachtskeksteller. Bist du eigentlich mit deiner Aufgabe als Weihnachtskeksteller zufrieden?"

Der Teller denkt nach. Er antwortet: „Ach, es geht so. Ich stehe einfach da und diene dazu, Kekse aufzubewahren. Und die Menschen freuen sich, wenn ich ihnen leckere Plätzchen anbiete. Ich werde immer gefüllt und rieche den ganzen Tag den Duft der feinen Kekse."

Die Kerze flackert ein wenig und sagt: „Das hört sich nach einer schönen Aufgabe an."

„Na ja", antwortet der Teller. „Wenn Weihnachten vorbei ist, werde ich immer gespült. Das ist vielleicht eklig. Da muss ich im Spülwasser baden und werde mit der Spülbürste geschrubbt ... Das macht mir keinen Spaß. Hinterher packen die Menschen mich in die hinterste Ecke des Schranks. Bis zum nächsten Advent."

„Hmmm", antwortet die Kerze. „Ändern können wir nichts daran. Freuen wir uns eben, dass es so ist. Du freust dich darüber, ein Teller zu sein. Und ich freue mich, eine Kerze zu sein. Und dann machen wir das Beste daraus. Die Menschen freuen sich, dass sie uns haben."

„Wahrscheinlich hast du recht", antwortet der Weihnachtsteller. „Ich werde das im nächsten Advent der neuen Adventskerze erzählen und ihr sagen: Freu dich darüber, dass du eine Kerze bist. Denn es ist schön, wenn andere sich freuen, dass du da bist.“

Der Engel von der Post

Tipp: Lesen Sie diese Geschichte vor, wenn Sie eine Weihnachtskarte lesen – oder schreiben Sie zusammen eine Weihnachtskarte.

„Puh, ist das schwer.“ Konrad wischt sich den Schweiß von der Stirn. Der Briefträger muss viele Pakete schleppen. „In der Adventszeit ist mein Beruf besonders anstrengend“, klagt der Postbote. „Da trage ich so viele Pakete. Und weil ich warm angezogen bin, muss ich immer so schwitzen.“ Er bindet seinen Schal lockerer.

Dann klingelt er bei Frau Huber. Es knarrt, als sie die Treppen hinuntersteigt. Und als sie die Tür öffnet, umnebelt Konrad schnell der Duft nach frisch gebackenen Weihnachtsplätzchen.

„Bitte schön“, strahlt Konrad. Und er reicht Frau Huber ein Päckchen.

„Ach wie nett.“ Frau Huber lächelt. „Ich weiß schon, was drin ist.“ Flugs reißt sie das Packpapier weg und öffnet den Karton. Dann reicht sie dem Paketboten etwas: „Hier, das schenke ich Ihnen zu Weihnachten."

„Ach, wie nett", antwortet Konrad. „Ein Päckchen mit Lebkuchen. Vielen Dank."

Frau Huber schmunzelt. „Gerne. Sie haben ja einen ganz weihnachtlichen Beruf."

„Warum? Weil ich im Advent Pakete verteile?"

„Nicht nur darum." Frau Huber schüttelt den Kopf. „Sie sind doch Postbote. Ein Bote, der etwas bringt. Auch in der Weihnachtsgeschichte kommen viele Boten vor. Die Engel."

Konrad lacht. „Sehe ich aus wie ein Engel?"

Frau Huber schüttelt wieder den Kopf. „Nein, ich meine etwas anderes. Die Engel sind auch Boten. Sie haben eine gute Botschaft von Gott bekommen. In der Weihnachtsgeschichte sollten sie den Menschen sagen: ‚Fürchtet euch nicht, euer Retter ist geboren!'"

„Ach so!" Der Briefträger lacht. „Ich verstehe."

Frau Huber gibt dem Postboten die Hand. „Und nun wünsche ich Ihnen eine frohe Adventszeit. Ich wünsche Ihnen, dass Sie in den nächsten Wochen nur noch gute Nachrichten verteilen."

Gesprächsimpuls: Welche Erinnerungen haben Sie an die Post? Wie ging es auf dem Postamt zu? Kam der Briefträger mit dem Fahrrad oder zu Fuß? Oder hat er die Post mit dem Auto verteilt?

Max und die Krippe

Tipp: Bringen Sie eine Kiste mit Advents- und Weihnachtsdekoration mit – und bauen die verschiedenen Dinge in die Geschichte mit ein.

Max packt mit seiner Mutter die Weihnachtskiste aus. Die Mutter lächelt. „Jedes Jahr staune ich wieder, was ich hier für Schätze habe."

Was kann man da nicht alles in einer Kiste mit Weihnachtsdekoration entdecken. Max staunt nicht schlecht. Da sind mehrere Lichterketten und eine Tüte mit Strohsternen. Ein paar Servietten, auf denen Engel abgebildet sind. Kerzen in allen Formen und Farben: rote, gelbe und weiße Kerzen. Runde, viereckige und sternförmige Kerzen. Neue Kerzen – und Kerzen, die schon halb abgebrannt sind. Und noch weitere schöne Sachen befinden sich in der Kiste: Ein Adventskranz aus Plastik, Lametta, Geschenkpapier – und Krippenfiguren aus Gips.

Max fragt: „Darf ich die Krippe aufstellen?"

Die Mutter nickt. „Aber natürlich."

Schon verschwindet Max mit den Figuren. In einer Ecke im Flur ist ein leerer Platz. Da baut er die Krippe auf: den Stall mit der Futterkrippe, Maria, Josef und das Kind, Ochse und Esel, die Hirten und ihre Schafe.

Stolz ruft Max: „Fertig!"

Die Mutter wirft einen Blick in den Flur. „Aber, Max. Schau mal, wie schmutzig es in der Ecke ist. Da liegen ja noch Staubflocken auf dem Boden. Du hättest ruhig ein bisschen putzen können, bevor du die Krippe aufstellst."

Max beißt sich auf die Unterlippe. „Aber der Pfarrer hat doch neulich gesagt: Jesus kommt mitten in unseren Dreck hinein."

Da muss die Mutter lachen. „Aber ich glaube, er wollte nicht sagen, dass man nicht putzen soll. Er hat wohl eher gemeint: Auch wenn unser Leben nicht so perfekt ist, wie wir es gerne hätten – wir dürfen trotzdem zu Gott kommen, wie wir sind."

Aktivierung: Stellen Sie zusammen eine Weihnachtskrippe auf.

Geld für Frau Berger

Frau Berger ist eine arme, alte Frau. Im Winter wird das Geld besonders knapp. Da muss sie noch viel Holz und Kohle zum Heizen bezahlen.

Anfang Dezember kommt Frau Berger auf eine Idee: „Ich schreibe einfach einen Brief an den Weihnachtsmann." Schon zückt sie ihren Füller und schreibt: „Lieber Weihnachtsmann. Ich habe leider viel zu wenig Geld. Ich kann mir gerade so mein Essen leisten – aber im Winter wird es dann immer etwas knapp. Kannst du mir vielleicht mit 100 Euro weiterhelfen?“

Frau Berger steckt den Brief in einen Umschlag. Sie adressiert ihn „An den Weihnachtsmann“ und schreibt hinten ihre Anschrift drauf. Dann wirft sie den Umschlag in den Briefkasten.

Der Briefträger weiß nicht so recht, was er mit dem Brief machen soll – und wirft ihn beim Finanzamt ein. Die Beamten schmunzeln. „Eine alte Frau, die noch an den Weihnachtsmann glaubt.“

Ein Beamter hat Mitleid mit der Frau. Er sagt: „Ich möchte dieser Frau helfen. Ich stelle eine Kasse auf. Wer etwas spenden will, kann es einwerfen.“ Im Handumdrehen kommen 70 Euro zusammen. Der Beamte wirft den Brief bei der Frau ein.

Am nächsten Tag schreibt die Frau noch mal einen Brief an den Weihnachtsmann: „Lieber Weihnachtsmann. Ich danke dir für deine Hilfe. Aber ich habe eine Bitte: Wenn du mir wieder mal Geld schenkst, schick es bitte nicht über das Finanzamt. Die Spitzbuben haben mir glatt 30 Euro abgezogen.“

Frau Kern folgt dem Stern

Tipp: Bringen Sie einen Strohstern mit oder basteln Sie zusammen einen.

Frau Kern lebt in Kleinbachheim. In Kleinbachheim ist selten etwas los. Es gibt kein Gasthaus und auch sonst keine Märkte oder Veranstaltungen im Advent. Also haben die Bewohner in der Adventszeit beschlossen: „Wenn jemand Besuch bekommen möchte, hängt er einen Strohstern über seine Haustür."

Frau Kern hat von der Aktion mit dem Stern gehört. Wenn sie Gesellschaft haben möchte, zieht sie einfach ihren Wintermantel an und marschiert durch das kleine Dorf. Sie schaut die Haustüren an: Irgendwo hängt bestimmt ein Strohstern.

Vorgestern war Frau Kern bei Frau Baumann. Sie haben zusammen einen Glühwein getrunken. Es hat nach Zimt und Früchten geduftet. Frau Baumann hat von früher erzählt. „An Weihnachten haben wir immer kleine Geschenke verpackt und den kranken Kindern im Krankenhaus gebracht."

Am nächsten Abend gesellt sich Frau Kern zu Frau Krummbier. Sieben andere Frauen haben ebenfalls den Strohstern an der Tür gesehen – und so ist die Stube proppenvoll mit vielen Damen. Sie reden alle durcheinander.

„Hast du dieses Jahr auch schon Plätzchen gebacken?" – „Ich habe ein paar Socken für meine Enkel gestrickt." – „Dieses Jahr an Weihnachten kommt mein Sohn mit seiner Familie zu Besuch. Endlich! Nach vielen Jahren haben wir uns versöhnt." Und so geht es weiter – die Frauen haben einen schönen Abend zusammen.

Irgendwann sagt Frau Kern: „Ich finde, das ist so eine schöne Idee mit dem Stern. Das sollten wir das ganze Jahr über machen." Die anderen Frauen lachen – aber Frau Kern hat das gar nicht als Spaß gemeint.

Ein Blick in die Zeitung

Tipp: Auch in der Weihnachtszeit kann man zusammen in der Zeitung lesen. Manchmal werden dort schöne Weihnachtsbräuche und Rezepte gedruckt, die man aufgreifen kann. Und für manche Menschen, die den Weihnachtsrummel mit Liedern und Christbaumkugeln nicht so sehr mögen, ist es eine gute Abwechslung.

Karl lebt im Altenheim. Er hat gefrühstückt. Jetzt blättert er in der Zeitung. „Das Gaigauer Tagblatt", freut er sich. „Das lese ich seit fünfzig Jahren. Noch nie ist mir dabei langweilig geworden."

Seine Tischnachbarin wirft einen Blick in seine Zeitung. „Was gefällt Ihnen denn so gut an der Zeitung?"

Karl wiegt den Kopf hin und her. „Das kann ich Ihnen gar nicht so genau sagen. Denn es hat immer wieder mal gewechselt. Mal habe ich vor allem Stellenanzeigen gewälzt. Dann haben mich die Partneranzeigen interessiert. Und später die Filmkritik zum Tatort."

Da fragt die Tischnachbarin: „Haben Sie Ihre Arbeitsstelle in der Zeitung gesucht?"

„Gesucht und gefunden", lächelt Karl. „Ich habe eine Stelle als Schlosser gesucht. Und gefunden. Viele Jahre habe ich im gleichen Betrieb gearbeitet."

„Und warum haben Sie Partneranzeigen gelesen?", fragt die Frau weiter.

Karl antwortet: „Die fand ich immer so unterhaltsam."

„Und der Tatort?", will die Frau wissen. „Was stand dazu in der Zeitung?"

„Da konnte man immer nachlesen, ob er spannend oder langweilig war. Das fand ich gut."

Beispiel: Eine Anzeige

Der Verkäufer eines Baumarktes gab neulich eine nette Anzeige in der Rubrik „Wiedersehen" in der Zeitung auf: „An die nette Dame, der ich am Samstag eine Bastelsäge für 9,95 Euro verkauft habe: Bitte melden Sie sich. Ich möchte Sie wiedersehen."

Gesprächsimpulse

Welcher Teil interessiert Sie besonders in der Zeitung? Wirtschaft? Sport? Politik? Oder der Lokalteil?

Haben Sie jemals eine Anzeige in der Zeitung aufge-

setzt oder auf eine reagiert (Partnersuche, Möbel, Sonderangebote, Wohnungssuche, Autokauf ...)?
Welche regionalen oder überregionalen Zeitungen kennen Sie?

Kerzenschein für Frau Klein

Tipp: Machen Sie doch einmal eine Pause, anstatt zu arbeiten – und lesen dann diese Geschichte vor.

Frau Klein sagt über ihr Zuhause: Es muss alles perfekt sein. Darum werkelt und schafft sie fleißig im Advent. Sie stöhnt: „Adventskranz basteln, Weihnachtsbaum aufstellen, Strohsterne basteln. Und auf alle Schränkchen und Tische stelle ich schöne Kerzen."

Natürlich backt Frau Klein auch Weihnachtsplätzchen – fünfzehn verschiedene Sorten. Aber noch wichtiger ist für sie etwas anderes. Frau Klein sagt: „Ich schreibe viele Karten für Freunde. Und ich verpacke Geschenke." Natürlich muss jedes Geschenk schön verpackt sein. Und für jede Karte verwendet sie einen besonderen Stift. Oft arbeitet Frau Klein bis tief in die Nacht.

So fliegt die Adventszeit dahin. Stunde für Stunde vergeht. Tag für Tag zieht vorbei. Und Frau Klein bastelt und dekoriert, verpackt und telefoniert. Sie tut viele schöne Dinge im Advent. Nur für eines hat sie keine Zeit: Sie kommt selbst nicht zur Ruhe.

Eines Tages bekommt Frau Klein Besuch von ihrer Freundin Berta. Die Freundin sagt: „Warum machst du dir so viel Stress? Du musst doch auch einmal zu dir selber kommen. Nimm dir Zeit für dich."

„Ja hör mal", antwortet Frau Klein, „ich will doch so vielen Menschen eine Freude machen."

Berta schüttelt den Kopf. „Achte auf dich und arbeite nicht zu viel."

„Hmmm", überlegt Frau Klein. So richtig überzeugt ist sie aber noch nicht.

Im Jahr darauf denkt Frau Klein: Vielleicht hat Berta recht. In diesem Jahr will ich die Adventszeit auch selber genießen. Ich will nicht mehr so viel Stress haben.

An einem Tag bäckt sie in aller Ruhe eine Sorte Weihnachtsplätzchen. Abends hört sie rechtzeitig auf zu arbeiten. Dann zündet sie Kerzen an und macht es sich im Wohnzimmer gemütlich.

Frau Klein hat einen Adventskalender, in dem für jeden Tag ein schöner Spruch steht. Heute zum Beispiel liest sie den Bibelvers: „Das Volk, das im Finstern wandelt, sieht ein großes Licht."

Frau Klein sagt sich: „Richtig, darum geht es an Weihnachten. Manchmal erscheint uns die Welt ziemlich dunkel. Aber Gott schickt uns ein helles Licht und das Licht ist Jesus. Darüber will ich mich freuen. Das ist viel wichtiger als alle Arbeit, die ich mir mache."

Bibelstelle zum Nachlesen: Jesaja 9,1

Aktivierung: Kerzen tasten. Bringen Sie verschiedene Kerzen mit. Lassen Sie Ihr Gegenüber daran tasten und daran riechen. Nun nehmen Sie ein Säckchen aus Baumwolle. Packen Sie eine Anzahl Kerzen in das Säckchen. Beginnen Sie mit zwei oder drei Kerzen. Lassen Sie ertasten, wie viele Kerzen sich darin befinden.

Adventskalender für Frau Bender

Tipp: Basteln Sie einen ähnlichen Adventskalender mit kleinen Aufgaben. Sie wissen am besten, was zu Ihrem Angehörigen passt.

Frau Bender hat einen besonderen Adventskalender. Den hat ihre Tochter für sie gebastelt. Sie hat eine kleine Pappschachtel genommen, in der früher Pralinen waren. Die Schachtel ist von außen mit schönem Geschenkpapier beklebt. Innendrin liegen 24 Zettel, zusammengerollt und mit einer Schleife verziert.

An jedem Morgen zieht Frau Bender ein Röllchen heraus und liest den Zettel. Für jeden Tag steht eine Aufgabe darauf. Zum Beispiel:

„Ich will heute dankbar sein. Darum schreibe ich heute Abend drei Punkte auf, für die ich danken kann.“

Oder: „Habe ich heute etwas Neues gelernt? Ich möchte nie aus dem Staunen herauskommen. Auch wenn ich alt bin."

Oder: „Wie kann ich heute jemandem eine Freude machen?"

Gestern, am 10. Dezember, stand auf ihrem Zettel: „Schenk jemandem eine Blume." Daraufhin hat sie ihrer Nachbarin einen kleinen Weihnachtsstern gebracht. Denn die Nachbarin hat gerade einen Gips und kann das Haus nicht verlassen. Die hat sich aber gefreut! Frau Bender lächelt heute noch und freut sich mit ihr.

Und heute, am 11. Dezember, steht in Frau Benders Adventskalender: „Bitte einen Verwandten, dir zu helfen." O ja, sich helfen lassen – das ist gar nicht so einfach, findet Frau Bender. Aber es ist besser, wenn man das übt, sich von anderen helfen zu lassen. Frau Bender hat gleich zum Telefon gegriffen und ihren Schwager angerufen: „Könntest du mir mal helfen? Meine Schranktür klemmt."

Frau Bender freut sich über ihren Adventskalender. Der Kalender hilft ihr, aufmerksam durch den Tag zu gehen. Und er erinnert sie daran: Ich bin nicht allein. Viele andere helfen mir. Und manchmal kann ich auch anderen helfen.

Wörter suchen

Schreiben Sie das Wort „Advent" auf ein großes Papier. Suchen Sie zu jedem Buchstaben möglichst viele Wörter. Einige Beispiele:

A: Apfel, Arm, Amsterdam …
D: Donau, Dieb, Dahlie, drehen …
V: Vogel, Vitamine, vorlesen …
E: Essig, ewig, Eimer …
N: Norden, Name, Nacht, nicht …
T: Trauben, teuer, Tal, Tisch …

Frau Knauf steht auf

Tipp: Sprechen Sie darüber, welche Hausarbeiten Ihr Zuhörer früher gern gemacht hat.

Frau Knauf will den Weihnachtsbaum dekorieren, Geschenke verpacken – und staubsaugen. Sie seufzt: „Das ist mir früher leichtergefallen. Jetzt finde ich es anstrengend.“ Aber sie denkt sich: Wer rastet, der rostet. Und so saugt sie und saugt und saugt … Sie sagt: „Das schaff ich noch.“

Plötzlich wird Frau Knauf schwarz vor Augen. Sie stützt sich auf den Staubsauger. Der kippt um. Frau Knauf stolpert über einen Hocker – und stürzt auf den Boden.

„Aua“, ruft sie, denn es tut ihr weh. Aber zum Glück ist nichts passiert. Frau Knauf atmet tief durch.

Nach ein paar Minuten beschließt sie: „Jetzt steh ich wieder auf.“ Sie stöhnt und ächzt, aber bald steht sie aufrecht. Sie streckt sich und lacht. „Bravo! Frau Knauf steht wieder auf!“

Dann schaut sie an sich herunter. Sie mustert die Füße, dann Knie und Beine. Frau Knauf dichtet:

„Nichts gebrochen, keine Delle,
alles an der rechten Stelle.
Gott sei Dank, alles lief rund.
Ich bin nicht krank, ich bin gesund.“

Gebet

Danke, lieber Gott, dass du mich beschützt hast. So oft hätte mir Schlimmeres passieren können. Aber du warst da und hast deine Hand über mich gehalten. Vielen Dank dafür.

Der Adventskranz

Philipp kommt von der Schule nach Hause. Seine Oma fragt ihn: „Was habt ihr heute gelernt?"

Enkel Philipp erklärt: „Wir haben gelernt, woher der Adventskranz kommt."

Die Oma bekommt große Augen. „Woher der Adventskranz kommt? Na, dann erzähl mal."

Philipp holt Luft. „In Hamburg gab es ein Haus für Waisenkinder. Der Chef dort hieß Johann Hinrich Wichern. Und er hat den ersten Adventskranz für sie gebastelt."

Die Oma reibt sich die Augen. „Den ersten Adventskranz?"

Philipp nickt. „Ja, unser Reli-Lehrer hat erklärt, dass der Kranz damals nicht nur 4 Kerzen hatte, sondern 24 Stück. Für jeden Tag im Dezember bis Weihnachten gab es eine Kerze. Die Kinder wussten also, wie lange sie noch auf Weihnachten warten mussten. Jeden Tag hat Wichern eine Kerze angezündet und einen Spruch aus der Bibel vorgelesen. Vielleicht so ähnlich: ‚Liebe Kinder, ihr habt keine Eltern mehr. Aber Jesus sagt: Ich bin bei euch an jedem Tag und helfe euch.'"

Die Oma sagt: „Das war eine gute Idee damals. So einen Adventskranz könnten wir alten Leute auch gebrauchen. Vielleicht würde Wichern uns heute sagen: Liebe Senioren, auch wenn ihr nicht mehr viel arbeiten könnt, seid ihr doch sehr wertvoll!"

Welche besonderen Feiertage im Winter kennen Sie? Welche Bräuche pflegt man im Winter?

Zum Beispiel:

Am 11. November feiert man Sankt Martin. In vielen Regionen gibt es Umzüge mit Laternen.

Die vier Wochen vor Weihnachten nennt man „Advent“. Die vier Sonntage nennt man ersten, zweiten, dritten und vierten Advent. An einem Adventskranz kann man dann Kerzen anzünden.

Wer am Barbaratag, am 4. Dezember, einen Obstbaumzweig ins Wasser stellt, kann ihn an Weihnachten – hoffentlich – blühen sehen.

Am 6. Dezember kommt der Nikolaus.

Am 24. Dezember ist Heiligabend. Dann ist Weihnachten, am 25. und am 26. Dezember. Der 26. Dezember ist der „Stefanstag“.

Zu Weihnachten und Heiligabend gehören der Christbaum und eine Weihnachtskrippe.

Am 31. Dezember feiern wir Silvester.

Am 1. Januar ist Neujahr.

Am 6. Januar wird in einigen Regionen der Dreikönigstag gefeiert.

Heiligabend und Weihnachten

Ochse und Esel unterhalten sich

Tipp: Noch lebendiger wird es, wenn Sie diese Geschichte zu zweit vorlesen. Einer übernimmt die Rolle des Ochsen, der andere die des Esels. Falls möglich, bringen Sie Krippenfiguren von Ochse und Esel mit.

Neulich, im Stall von Bethlehem. Da war was los!

Der Esel gähnte. „Da standen zwei, eine Frau und ein Mann. Wie hießen sie bloß noch mal?“

„Maria und Josef“, erklärte der Ochse. „Sie waren wegen dieser Volkszählung da. Wie auch die vielen anderen Leute. Dann bekam die Frau auch noch ein Kind. Was für eine Nacht, ich habe kein Auge zugetan!“

Der Esel kaute vor sich hin. „Ich erinnere mich. Sie haben den Burschen Jesus genannt. Retter heißt das. Die Menschen sagen, er sei Gottes Sohn.“

Der Ochse wandte den Kopf zum Esel. „Darum sind auch die Hirten gekommen. Ihnen war ein Engel erschienen. Der hatte ihnen gesagt: Euch ist heute der Heiland geboren … Christus, der Herr.“

Da bekam der Esel eine lange Falte auf der Stirn. „Und dann platzten die Weisen herein. Sie sagten, sie seien einem Stern gefolgt. Und sie hatten Geschenke dabei. Gold, Weihrauch und Myrrhe. Das legten sie vor den Knaben.“

Der Ochse schaute auf die Krippe. Inzwischen war diese wieder leer. „Jetzt sind sie weitergezogen. Dann können wir hoffen, dass wir heute Nacht gut schlafen können."

Der Esel gähnte. „Na ja. Das liegt ganz an dir. Wenn du nicht wieder so laut schnarchst, du Ochse."

Redensarten mit Tieren:

Er steht da wie der Ochse vor dem ... Berg.
Besser den Spatz in der Hand als die Taube auf dem ... Dach.
Eine Krähe hackt der anderen kein Auge ... aus.
Er hat Augen wie ein ... Luchs.

Frank und die Lokomotive

Tipp: Bringen Sie eine kleine Lokomotive (Modellbau) oder ein Foto von einer Lok mit.

Klack! Jetzt ist er abgesperrt. Der Schrank mit den Weihnachtsgeschenken. Elvira lächelt und versteckt den Schlüssel in der Schublade unter ihren Strümpfen. Aber ihr Mann Frank hat sie dabei durch den Türspalt beobachtet.

Kaum hat Elvira das Haus verlassen, wühlt Frank auch schon in der Schublade unter Elviras Socken. Wo ist er denn? Wo ist er denn? Ah, da! Triumphierend hält Frank den Schlüssel in die Luft. Schon steckt er im Schloss des Schrankes. Frank dreht um – und da entdeckt er auch schon sein Weihnachtsgeschenk. „Wunderbar!“, entfährt es ihm und er bekommt große Augen. Eine neue Lokomotive für seine Modelleisenbahn! Schnell schließt er wieder ab. Den Schlüssel für den Schrank packt er vor lauter Aufregung in die falsche Schublade: unter Elviras Blusen.

Frank ist selig. So eine alte Dampflok hat er sich schon immer gewünscht. Jetzt zählt er die Tage bis Heiligabend. Dann kann er endlich das Geschenk auspacken. Noch zehn Tage! Er murmelt: „Hoffentlich dauert die Feier nicht so lang. Dann kann ich am Abend noch die Lokomotive fahren lassen.“

In den folgenden Nächten träumt Frank von seiner neuen Lok.

Als Elvira am nächsten Tag ein weiteres Geschenk in den Schrank packen will, wird sie stutzig: Der Schlüssel liegt im falschen Fach. Aha, Frank hat in den Schrank geschaut! Elvira denkt nach und beschließt: Warte nur, dir werde ich es zeigen.

An Heiligabend sitzt die Familie beim Essen. Elvira, Frank, die Kinder und die Enkel. Es gibt Kartoffelsalat mit Würstchen, wie jedes Jahr. Danach singt die Familie zusammen ein paar Weihnachtslieder und Frank liest eine Weihnachtsgeschichte vor. Aber in Gedanken ist er ganz woanders, bei seiner neuen Lok. Frank kann es kaum erwarten, bis endlich die Bescherung kommt.

Dann ist es so weit. „Hier ist dein Geschenk“, lächelt Elvira und drückt ihrem Mann ein kleines Päckchen in die Hand. Die Lokomotive hat Frank aber viel größer in Erinnerung. Gespannt reißt er das Päckchen auf und findet darin – eine rote Krawatte.

„Eine Krawatte?“, ruft Frank. Seine Augen werden ganz groß.

„Ja, eine Krawatte.“ Elvira schaut Frank an. Sie muss aufpassen, dass sie nicht lacht. „Damit siehst du aus wie ein richtiger Schaffner.“

„Oh, danke“, murmelt Frank. Er weiß nicht, was er sagen soll. Dann verkriecht er sich in seinen Hobbyraum und spielt mit der Modelleisenbahn. Ohne neue Lok.

Beim Frühstück am ersten Weihnachtsfeiertag liegt ein schönes Päckchen auf Franks Platz. Rotes, glänzendes Papier und eine blaue Schleife. „Und hier kommt die richtige Bescherung für dich“, grinst Elvira.

Frank reißt das Päckchen auf und entdeckt darin – seine ersehnte Lok.

Elvira und Frank müssen beide laut lachen. „Da hast du mir aber eine riesige Freude gemacht. Vielen Dank“, sagt Frank und nimmt Elvira in den Arm.

Gesprächsimpuls: Haben Sie früher als Kind schon mal ein verstecktes Weihnachtsgeschenk gefunden? Wie war das dann bei der Bescherung?

Die Engel und die Erde

Es waren einmal zwei Engel. Der eine war ein erfahrener Engel, der andere noch ein ganz junger Engel. Die beiden flogen durch das Weltall. Sie sahen große, schöne Planeten, die Sonne und viele andere leuchtende Himmelskörper.

Als sie in die Nähe unserer Milchstraße kamen, fiel ihr Blick auf die Erde. Der junge Engel fragte seinen Kollegen: „Was ist denn das für ein kleiner und unbedeutender Planet?“

Der erfahrene Engel widersprach: „Von wegen! Das ist kein unbedeutender Planet. Das ist die Erde. Dieser Planet wurde besucht. Gott, der Herr, hat seinen Sohn dorthin geschickt.“

Da staunte der kleine Engel. „Der Prinz des Himmels hat die Erde besucht?“

„Ja“, antwortete der Ältere, „er wurde ein Mensch. So wie die Wesen, die auf der Erde leben.“

Der kleine Engel vergaß einen Augenblick lang, mit seinen Flügeln zu schlagen. So sehr kam er ins Nachdenken. Er fragte: „Aber warum hat Jesus die Erde besucht?“

Der erfahrene Engel erklärte: „Für die Menschen ist es schwierig zu verstehen, dass es einen Gott gibt, der sie lieb hat. Das ist ihnen zu hoch. Darum ist Gott einer von ihnen geworden, ein richtiger Mensch. Jesus sollte den Menschen zeigen, dass Gott sie lieb hat.“

Der kleine Engel dachte nach. „Und was sind das für Lichter, die überall auf der Erde leuchten."

Der erfahrene Engel zückte seinen Kalender und schaute hinein. „Jetzt ist gerade Weihnachten. Dieses Fest will die Menschen daran erinnern, dass Jesus auf die Welt gekommen ist. Darum werden die Häuser mit Lichtern geschmückt."

Der junge Engel staunte. „Das ist bestimmt ein schönes Fest."

Der Weihnachtsbaum

Emilie ist kürzlich bei ihrer Tochter eingezogen. An einem Morgen sitzt die alte Dame in ihrem Lieblingssessel und schaut aus dem Fenster. Emilie murmelt: „Bald ist Heiligabend. Und tatsächlich liegt draußen ein kleines bisschen Schnee. Schön sieht das aus, wie eine Decke aus Puderzucker."

Da kommt ein junger Mann die Straße entlanggelaufen. Er hat eine blaue Wollmütze auf dem Kopf und geht Richtung Wald. Emilie bemerkt, dass der junge Mann eine Säge in der Hand hat. Na so was, denkt Emilie, ist das hier so üblich? Sie schüttelt den Kopf. Der geht einfach in den Wald und klaut einen Weihnachtsbaum!

Bald darauf kommt ihre Tochter vom Einkaufen zurück. Die beiden Frauen trinken Kaffee zusammen und essen ein paar Plätzchen. Als Emilie wieder aus dem Fenster schaut, sieht sie ihn wieder: den Mann mit der blauen Mütze. In der einen Hand trägt er eine Säge und in der anderen – einen Tannenbaum.

„Na so was“, raunt Emilie ihrer Tochter zu. „Schau dir das mal an. Der Mann da war im Wald und hat sich einen Baum geklaut.“ Emilie deutet mit der Hand auf den Mann mit der blauen Mütze.

Ihre Tochter lacht. „Nein, nein. Du täuschst dich. Das ist Herr Huber. Der hat da oben ein kleines Stück Wald. Der Baum gehört ihm also. Herr Huber hat bestimmt nichts geklaut.“

Emilie runzelt die Stirn. „Ups, da habe ich mich aber getäuscht. So kann es manchmal gehen. Ich glaube, ich sollte immer das Beste von Menschen denken. Besonders an Weihnachten.“

Gerda und ihr Rollator

Tipp: Lesen Sie diese Geschichte vor, wenn ein Rollator neu angeschafft wurde (oder angeschafft werden soll).

Gerda runzelt die Stirn. „Nein, ich brauche keinen Gehwagen. Unsinn! Ich stürze doch nicht beim Laufen.“ Aber wenn man genau hinschaut, ist Gerda beim Gehen doch ziemlich unsicher auf den Beinen.

Eines Tages hat Gerda Besuch von ihrer Nachbarin. Diese bringt ihren Rollator mit. Und die Nachbarin schwärmt: „Ich bin glücklich mit meinem Wagen. Endlich kann ich wieder an die frische Luft, ohne zu stürzen."

Gerda mustert den Gehwagen.

Die Nachbarin erklärt: „Ich habe einen Korb an meinem Wagen. Darin kann ich Obst aus dem Laden und Fleisch vom Metzger transportieren. Und wenn ich müde bin, kann ich mich auf den Wagen setzen. Und in der Adventszeit", sie schmunzelt, „hänge ich mir Lametta an den Rollator."

„Kann ich mir den Wagen einmal ausleihen?", fragt Gerda.

„Na klar", sagt die Nachbarin. Am nächsten Tag bringt sie den Rollator vorbei.

Gerda geht damit zum Bäcker. Prima, denkt sie. „Da hat man ja Gehhilfe und Korb in einem. Das ist richtig praktisch."

Als Gerda das nächste Mal Besuch von ihrer Tochter bekommt, sagt sie: „Ich glaube, so ein Gehwagen wäre gar nicht schlecht."

An Heiligabend kommt die Tochter mit einem großen Paket. Ein Rollator befindet sich darin. Vorne drauf ein kleiner Tannenbaum. Gerda lächelt: „Das ist jetzt ein Geschenk, das ich wirklich brauchen kann. Vielen Dank."

Idee: Schmücken Sie Ihre Alltagsgegenstände weihnachtlich. Hängen Sie eine Christbaumkugel an den Rollator, ein Geschenkbändchen an den Haltegriff des Bettes oder legen Sie einen Tannenzweig auf den Nachttisch.

Kein Platz

Tipp: Bringen Sie ein Foto von einem Gasthaus oder Hotel mit – oder von einer Weihnachtskrippe.

Peter darf dieses Jahr beim Krippenspiel mitspielen. Er muss dabei nur einen Satz sagen. Aber über diesen Satz ärgert er sich. Deshalb geht er zu seinem Opa.

Peter legt seine Stirn in Falten: „Du, Opa. Ich spiele den Wirt im Krippenspiel. Und ich muss etwas Schlimmes sagen."

„Was denn?", will der Opa wissen.

Peter schluckt: „Ich muss zu Maria und Josef sagen: ‚Stopp, hier ist kein Platz mehr!' Und dann muss ich die Tür zuschlagen."

Der Opa sagt: „Hm, was findest du so schlimm an dem Satz?"

Da schüttelt Peter den Kopf. „Ich will doch nicht sagen: Hier ist kein Platz für Jesus. Ich will doch Jesus nicht wegschicken!"

Da antwortet der Opa: „Hm, ich verstehe dich, aber

so war die Geschichte. Der Wirt muss eben ein bisschen mürrisch sein. Also schau doch möglichst finster und sag: Stopp, hier ist kein Platz mehr."

Peter denkt darüber nach. Die Geschichte gefällt ihm nicht.

Dann kommt der Tag des Krippenspiels. Es läuft alles wie am Schnürchen. Der Engel tritt auf. Die Hirten hüten ihre Schafe. Schließlich stehen Maria und Josef vor der Tür des Wirtes.

Peter denkt: O nein, gleich muss ich diesen schrecklichen Satz sagen. Und dann klopft auch schon Josef an der Tür. Peter öffnet. Er ruft laut: „Herzlich willkommen, Maria und Josef und Jesus! Bitte kommt rein!"

Die Zuschauer zucken zusammen. Sie sind gespannt. Damit hat keiner gerechnet. Die Schauspieler beginnen zu stottern. Sie sind völlig durcheinander. Wie soll das Stück jetzt weitergehen?

Da steigt der Opa von Peter auf die Bühne und sagt: „Das ist mein Enkel Peter. Ich finde, das hat er prima gemacht. Er hat es nicht übers Herz gebracht, Jesus vor die Tür zu sperren. Ich will davon lernen und sagen: Jesus soll bei mir nicht vor der Türe stehen. Er soll eintreten. Herzlich willkommen, Jesus!"

Die letzte Strophe aus dem Lied „Macht hoch die Tür"

Komm, o mein Heiland Jesu Christ,
meins Herzens Tür dir offen ist;

ach zieh mit deiner Gnade ein,
dein Freundlichkeit auch uns erschein.
Dein Heilger Geist uns führ und leit
den Weg zur ewgen Seligkeit.
Dem Namen dein, o Herr,
sei ewig Preis und Ehr.

Stille Nacht, Hilde lacht

Tipp: „Stille Nacht" ist ein sehr bekanntes Weihnachtslied. Stimmen Sie es an und singen es gemeinsam.

Hilde lacht gerne. Manchmal hilft ihr das sogar dabei, mit dem Leben besser klarzukommen. Je größer das Lachen, umso kleiner die Probleme, findet Hilde – und lacht.

Auch an Weihnachten hat sie allen Grund zum Lachen. Denn sie hat einen Nachbarn. Und Hilde kann nicht schlafen, weil es nebenan poltert. Wie immer an Weihnachten. An den Feiertagen streiten die Nachbarn. Das tun sie jedes Jahr.

„Du dumme Gans", schimpft es nebenan.

Hilde lacht. Und dann kommt ihr eine Idee: Ich schalte das Radio ein. Vielleicht kann ich mit der Musik den Lärm ein wenig übertönen? Ein Weihnachtslied dringt aus dem Lautsprecher: „Stille Nacht, heilige Nacht."

Stille Nacht? Hilde lacht!

„Das stimmt ja gar nicht“, murmelt sie. Und sie hört den Text des Liedes: Stille Nacht, heilige Nacht. Alles schläft. Einsam wacht nur das traute hochheilige Paar ...“

Von wegen! Hilde überlegt: Manchmal würde ich lieber bei Ochs und Esel im Stall von Bethlehem schlafen als mit meinen grantigen Nachbarn nebenan. Wahrscheinlich würde mich die Geburt des Kindes im Stall weniger stören als meine Nachbarn. Sie schmunzelt über diesen Gedanken.

Da dreht sich Hilde zur Seite. Irgendwann kann sie doch einschlafen. Und sie träumt davon, wie es wäre, im Stall von Bethlehem zu sein ...

Stille Nacht, heilige Nacht!
Alles schläft; einsam wacht
nur das traute hochheilige Paar.
Holder Knabe im lockigen Haar,
schlaf in himmlischer Ruh,
schlaf in himmlischer Ruh!

Hier sind einige Lieder durcheinandergekommen. Wie heißen sie richtig?

„Leise rieselt der Tannenbaum.“ Stimmt das?
Nein, richtig heißt es „Leise rieselt der Schnee“ und „O Tannenbaum“.
„Kommet, ihr Kinderlein“. Stimmt das?

Nein, richtig heißt es „Kommet, ihr Hirten" und „Ihr Kinderlein, kommet".

„Süßer die Krippen nie klingen." Stimmt das?

Nein, richtig heißt es „Süßer die Glocken nie klingen" und „Ich steh an deiner Krippen hier".

Erna und die Tanne

Tipp: Bringen Sie einen Tannenzweig mit. Riechen und tasten Sie gemeinsam daran.

Zu Weihnachten gehört eine Tanne. Das weiß Erna genau. Eine Tanne gehört zu Weihnachten wie eine Krippe, Kerzen – und Kartoffelsalat mit Würstchen. „Weihnachten ohne Tanne – das ist so, wie wenn ein Glühwein nicht nach Zimt und Nelke duften würde", findet Erna.

Früher hat Ernas Mann die Tanne im Wald geholt. Seit er gestorben ist, geht Erna jedes Jahr selber in das Wäldchen hinter ihrem Haus und schlägt eine Tanne.

Erna ist jetzt zwar eine alte Frau. Aber immer im Dezember packt sie die schwere Axt auf den Rücken. Dann geht sie in den Wald, den Oberkörper nach vorne gebeugt, um einen Baum zu holen.

Aber dieses Jahr läuft etwas anders. Plötzlich rutscht Erna im Wald aus. Fast wäre sie gestürzt. Sie kann sich gerade noch am Ast einer Fichte festhalten. Erna denkt: Puh, das ist gerade noch mal gut gegangen! Vielleicht sollte ich doch keine Tanne mehr fällen.

Sie nimmt die Axt, holt aus und schlägt den Ast ab, an dem sie sich gerade festgehalten hat. „Der genügt mir", sagt Erna. „Mit 92 Jahren brauche ich doch nicht unbedingt einen ganzen Baum."

Ganz im Gegenteil, findet Erna. Es ist ja viel einfacher, wenn man nur einen großen Tannenzweig auf den Tisch legt. Alle drei bis vier Tage dekoriert sie ihn neu. Zuerst mit einer Weihnachtskugel. Dann mit Strohsternen. Danach mit Krippenfiguren. Und die Woche drauf mit Kerzen.

Natürlich könnte ich auch traurig darüber sein. Denn ich kann jetzt im Alter nicht mehr so viel wie früher, denkt Erna bei sich. Aber dann entscheidet sie sich, lieber dankbar zu sein: für den grünen Ast auf dem Tisch … für den frischen Tannenduft, der sich in der Wohnung verbreitet … und dafür, dass ihr bei dem Sturz neulich nichts passiert ist!

Die Weihnachtsgeschichte – nacherzählt

Tipp: Bringen Sie Krippenfiguren mit. Lassen Sie Ihren Zuhörer an den entsprechenden Stellen der Geschichte diese Figuren fühlen und betrachten. In Klammern schlage ich geeignete Stellen in der Geschichte dafür vor, an denen Sie die Figuren einsetzen können.

Die Weihnachtsgeschichte in der Bibel beginnt so: „Es

begab sich aber zu der Zeit, dass ein Gebot von dem Kaiser Augustus ausging ..." Die Worte sind vielen vertraut und ältere Menschen können sie oft auswendig mitsprechen. Aber vielleicht möchten Sie diese Geschichte einmal in einfachen Worten nacherzählen? Hier ein Versuch:

Kaiser Augustus aus Rom brauchte dringend Geld. Darum befahl er: „Alle Einwohner sollen sich in Listen eintragen. Ich will wissen, ob alle ihre Steuern bezahlen."

Maria und Josef

Zum Reich von Kaiser Augustus gehörte auch das ferne Israel. Maria und Josef lebten dort. Maria war schwanger.

Josef sagte: „Wir müssen nach Bethlehem. Das ist mein Geburtsort. Dort müssen wir uns in Listen eintragen." Maria und Josef reisten nach Bethlehem. Josef sorgte sich um Maria, denn die Reise war beschwerlich. Aber ihnen blieb nichts anderes übrig. *(Krippenfiguren Maria und Josef)*

Kein Platz

Todmüde kamen Josef und seine schwangere Maria in Bethlehem an. Aber die Stadt war voller Menschen. Sie gingen von Gasthof zu Gasthof, von Haus zu Haus. Sie mussten doch irgendwo unterkommen! Marias Baby würde bald zur Welt kommen ... Doch nirgendwo gab es ein freies Bett für Maria und Josef.

Die Geburt von Jesus

Schließlich fanden sie doch noch einen Platz für die Nacht. Das war in einem Stall. Und dort kam Jesus zur Welt. Im dreckigen Stall gab es keine Wiege für das Baby. Nur die Futterkrippe, aus der sonst die Tiere fraßen. *(Krippenfigur Jesus in der Krippe)* In der Bibel heißt es ganz schlicht: „Maria legte ihn in eine Krippe, denn sie hatten sonst keinen Raum in der Herberge."

Die Hirten

Draußen hüteten die Hirten ihre Schafe. Die Tiere schliefen. Die Hirten hielten Wache. Alles war dunkel. *(Krippenfigur Hirten und Schafe)* Da leuchtete ein Licht auf. Es blendete die Hirten. Und dann stand da ein Engel. Er sagte: „Fürchtet euch nicht. Ich bringe eine gute Nachricht. Euch ist heute der Heiland geboren. Der Retter, auf den ihr schon so lange wartet. Ihr werdet das Kind in einer Krippe finden."

Die Engel

Dann war der Himmel plötzlich voller Engel. *(Krippenfigur Engel)* Sie sangen: „Ehre sei Gott in der Höhe und Friede auf Erden und den Menschen ein Wohlgefallen." Die Hirten gehorchten den Engeln und machten sich auf den Weg nach Bethlehem. Dort fanden die Hirten das Baby. Es lag in einer Futterkrippe. Und alle waren in dieser Nacht sehr glücklich. Denn sie wussten: Der Retter ist geboren. Gott selbst hat seinen Sohn geschickt.

Es begab sich aber zu der Zeit …

Die Weihnachtsgeschichte aus der Bibel

Tipp: So steht die Weihnachtsgeschichte in der Bibel. Viele Zuhörer werden diese Geschichte Jahr für Jahr im Weihnachtsgottesdienst gehört haben. Fragen Sie, welche Erinnerungen die Geschichte auslöst.

Es begab sich aber zu der Zeit, dass ein Gebot von dem Kaiser Augustus ausging, dass alle Welt geschätzt würde. Und diese Schätzung war die allererste und geschah zur Zeit, da Quirinius Statthalter in Syrien war. Und jedermann ging, dass er sich schätzen ließe, ein jeder in seine Stadt.

Da machte sich auf auch Josef aus Galiläa, aus der Stadt Nazareth, in das jüdische Land zur Stadt Davids, die da heißt Bethlehem, weil er aus dem Hause und Geschlechte Davids war, damit er sich schätzen ließe mit Maria, seinem vertrauten Weibe; die war schwanger.

Und als sie dort waren, kam die Zeit, dass sie gebären sollte. Und sie gebar ihren ersten Sohn und wickelte ihn in Windeln und legte ihn in eine Krippe; denn sie hatten sonst keinen Raum in der Herberge.

Und es waren Hirten in derselben Gegend auf dem Felde bei den Hürden, die hüteten des Nachts ihre Herde. Und der Engel des Herrn trat zu ihnen, und die Klarheit des Herrn leuchtete um sie; und sie fürchteten sich sehr.

Und der Engel sprach zu ihnen: Fürchtet euch nicht! Siehe, ich verkündige euch große Freude, die allem Volk widerfahren wird; denn euch ist heute der Heiland geboren, welcher ist Christus, der Herr, in der Stadt Davids. Und das habt zum Zeichen: Ihr werdet finden das Kind in Windeln gewickelt und in einer Krippe liegen.

Und alsbald war da bei dem Engel die Menge der himmlischen Heerscharen, die lobten Gott und sprachen: Ehre sei Gott in der Höhe und Friede auf Erden bei den Menschen seines Wohlgefallens.

Und als die Engel von ihnen gen Himmel fuhren, sprachen die Hirten untereinander: Lasst uns nun gehen nach Bethlehem und die Geschichte sehen, die da geschehen ist, die uns der Herr kundgetan hat. Und sie kamen eilend und fanden beide, Maria und Josef, dazu das Kind in der Krippe liegen.

Als sie es aber gesehen hatten, breiteten sie das Wort aus, das zu ihnen von diesem Kinde gesagt war. Und alle, vor die es kam, wunderten sich über das, was ihnen die Hirten gesagt hatten. Maria aber behielt alle diese Worte und bewegte sie in ihrem Herzen. Und die Hirten kehrten wieder um, priesen und lobten Gott für alles, was sie gehört und gesehen hatten, wie denn zu ihnen gesagt war.

Und als acht Tage um waren und man das Kind beschneiden musste, gab man ihm den Namen Jesus, wie er genannt war von dem Engel, ehe er im Mutterleib empfangen war.

Lukas 2,1-21

Ein Brief von Gott

Tipp: Schreiben Sie zusammen eine Adventskarte.

Werner arbeitete früher bei der Post. Er war Briefträger. Er beschreibt seine Arbeit: „Ich war viel zu Fuß unterwegs. Die schwere Tasche mit den Briefen habe ich durchs Dorf geschleppt. Ich bin von Haus zu Haus gelaufen und habe die Post eingeworfen. Jeden habe ich gekannt."

Der Briefträger hat damals nicht nur Briefe verteilt. Manchmal haben ihm die Leute auch von ihren Sorgen und Problemen erzählt. Hin und wieder konnte Werner einen guten Rat geben. Werner grinst. „Auf einem Bauernhof habe ich sogar einmal geholfen, als die Kuh ihr Kälbchen bekam."

Werner hatte immer Zeit für seine Leute. Manchmal nur für einen kleinen Schwatz, ab und zu wurde ein längerer Besuch daraus. Werner kannte seine Pappenheimer. Er wusste, wo sie der Schuh drückte. Was Werner schon alles ausgeliefert hat: Rechnungen und Mahnungen, Traueranzeigen und Hochzeitsglückwünsche. Aber auch Ansichtskarten und Einladungen.

Übrigens: Auch Gott hat einen Brief an uns Menschen geschrieben. Es ist ein besonderer Brief: ein Liebesbrief. Der kommt aber nicht mit der Post. Gottes Liebesbrief ist die Bibel. Besonders die Weihnachtsgeschichte zeigt, wie sehr Gott die Menschen liebt.

Idee: Gestalten Sie eine persönliche Karte für Ihren Angehörigen.

Gott sagt: Ich habe dich je und je geliebt, ___________ (Name ergänzen).
Jeremia 31,3 in der Bibel

Verregneter Heiligabend

Tipp: Über das Thema Wetter wird jeden Tag viel geredet. Sprechen auch Sie darüber. Erinnert sich Ihr Zuhörer an „weiße Weihnachten"? Oder eher an andere Wetterlagen an Heiligabend?

Wieder mal Regen statt Schnee. Wie schade! Keine Schneeflocken, die vor dem Fenster tanzen … Nur Regen, der an der Scheibe herunterläuft. „Und das an Heiligabend", murmelt Renate.

Sie schaut aus dem Fenster auf den Nussbaum im Garten: Wieder mal keine weiße Weihnacht! Aber der Regen weckt bei Renate stets Erinnerungen …

„Bei meinem ersten Rendezvous mit Günter hat es auch geregnet." Renate denkt zurück, während der Wind die Äste des Nussbaums schüttelt. Damals hatte sie mit Günter auf einer Bank gesessen. Dann fing es an zu regnen. Unter einer Brücke fanden sie Schutz vor dem Regen. Niemand war in der Nähe. Dort hat Günter sie das erste Mal geküsst. „Ach, ich mag den Regen“, lächelt Renate.

An der Hochzeit von Renate und Günter hat es wieder geregnet. Und gestürmt. So stark, dass ihre zwei Schwestern Renates Brautkleid festhalten mussten. Und mehrere Hochzeitsgäste spannten ihre Schirme auf, um Renate von der Kutsche zur Kirche zu geleiten. „Aber unsere Hochzeit war umso schöner. Und die Feier haben wir genossen – im Trockenen.“ Renate lächelt.

Noch viel mehr Regentage gab es in der Ehe von Renate und Günter. Als ihre Kinder auf die Welt kamen. Als die Kinder getauft wurden. Am ersten Arbeitstag an Günters neuer Stelle. Und: an dem Tag, als Günter gestorben ist. „So wie der Regen zum Leben gehört, so gehören auch gute und schlechte Tage zum Leben“, murmelt Renate vor sich hin. Dann lächelt sie: „An Weihnachten kann ich mich sogar über den Regen freuen.“

Aktivierung:

Welches Wetter gefällt Ihnen?
Was gefällt Ihnen nicht so gut?
Regen, Schnee, Sturm, Sonnenschein

Weihnachtslieder

Alte Menschen haben häufig Jahr für Jahr die gleichen Weihnachtslieder gesungen. Auf diese Weise haben sich Text und Melodie ins Gehirn eingegraben. Oft kann man demente Menschen sehr gut mit diesem Liedgut ansprechen. Texte und Melodien zu den folgenden Liedern finden Sie im Internet oder auch in Liederbüchern. Singen Sie das Lied vor oder singen Sie gemeinsam. Hören Sie zusammen die Melodie an oder lesen Sie den Liedtext vor.

Ich steh an deiner Krippen hier

Tipp: Bringen Sie einen Satz Krippenfiguren mit. Vielleicht hatte Ihr Zuhörer selber sogar eine eigene Weihnachtskrippe. Möglicherweise können Sie sogar die Figuren aus seiner eigenen Krippe besorgen.

Margit geht in die Kirche. In den Heiligabendgottesdienst. Bevor der Gottesdienst beginnt, schaut sie sich den Altarraum an. Da steht eine Krippe. Die Figuren aus Holz sind von Hand geschnitzt. Da ist Maria in einen Schleier gehüllt. Und Josef hat einen Stock in der Hand. Hintendran stehen die Hirten mit ihren Schafen. Margit denkt an das Lied „Ich steh an deiner Krippen hier“.

Dann überlegt sich Margit weiter: „Ich bin auch schon an so vielen Orten gestanden in der Adventszeit. Aber so zur Ruhe wie die Hirten an der Krippe bin ich noch nicht gekommen."

Wo ist sie nicht überall gestanden in den letzten Wochen?

Margit erinnert sich. „Ich bin in der Kassenschlange im Kaufhaus gestanden." Dort hat sie Geschenke eingekauft. Zu Hause am Herd ist sie auch gestanden. Sie hat das Essen für ihre Lieben dort zubereitet. Und noch an einem anderen Platz stand sie: am Weihnachtsbaum in der Stube. Den hat sie dekoriert.

Margit staunt: „Wo man in der Adventszeit doch überall steht."

„Und jetzt stehe ich an der Krippe. Endlich." Hier kommt sie zur Ruhe.

Als Margit später im Gottesdienst sitzt, singt sie mit der ganzen Gemeinde dieses Lied:

Ich steh an deiner Krippen hier,
o Jesu, du mein Leben;
ich komme, bring und schenke dir,
was du mir hast gegeben.
Nimm hin, es ist mein Geist und Sinn,
Herz, Seel und Mut, nimm alles hin
und lass dir's wohlgefallen.

Gesprächsimpuls: Vom Gehen, Stehen und Sitzen

In welchen Berufen muss man viel gehen?
Briefträger, Stromableser …
Nennen Sie Berufe, bei denen man viel sitzt:
Beamte, Sekretärin, Taxifahrer …
In welchen Berufen muss man viel stehen?
Verkäuferinnen, Fließbandarbeiter …
Wie war das in Ihrem Beruf? Sind Sie vor allem gegangen, gesessen oder gestanden?

Ihr Kinderlein, kommet

Tipp: Bringen Sie das Bild von einer Weihnachtskrippe mit.

Paula geht in die Kirche. Sie betrachtet die Krippe: Maria, Josef – und das Kind im Futtertrog. Und dabei summt sie ein Lied vor sich hin:

Ihr Kinderlein, kommet, o kommet doch all,
zur Krippe her kommet in Bethlehems Stall,
und seht, was in dieser hochheiligen Nacht
der Vater im Himmel für Freude uns macht.

Paula denkt: Jedes Jahr singe ich dieses Lied. In Gesundheit und Krankheit. In Freud und Leid.
Eine Strophe ist Paula dabei besonders in Erinnerung:

Da liegt es, das Kindlein, auf Heu und auf Stroh,
Maria und Josef betrachten es froh,
die redlichen Hirten knien betend davor,
hoch oben schwebt jubelnd der Engelein Chor.

Paula greift nach einem Gesangsbuch und setzt sich in eine Kirchenbank. Sie blättert. Paula sucht nach dem Lied „Ihr Kinderlein, kommet" – und liest dann den Text. Erstaunlich, wie viele Strophen dieses Lied hat, wundert sich Paula.
Die ersten Strophen kennt sie alle. Da steht beschrieben, wie die Hirten zur Krippe kommen – und dass Jesus für unsere Schuld leiden muss. Aber die letzte Strophe des Liedes ist Paula ganz neu:

So nimm unsre Herzen zum Opfer denn hin;
wir geben sie gerne mit fröhlichem Sinn.
Ach, mache sie heilig und selig wie deins
und mach sie auf ewig mit deinem nur eins.

Paula betet: „Lieber Gott, das will ich auch tun. Ich gebe dir mein Herz. Mach mich rein und lass mich mit dir eins sein."

Aktivierung: Bringen Sie ein Kirchengesangbuch oder ein spezielles Weihnachtsliederbuch mit. Blättern und schmökern Sie darin. Welche Lieder sind bekannt? Welche wurden früher in der Familie gesungen? Welche nur in der Kirche? Lesen Sie einzelne Strophen daraus vor, die Sie ansprechen.

Kommet, ihr Hirten

Tipp: Bringen Sie Krippenfiguren mit. Stecken Sie diese in einen Stoffbeutel – und lassen Sie Ihr Gegenüber daran tasten. Vielleicht kann er oder sie erraten, um welche Figur es sich handelt.

Oma Petra sitzt mit ihren Enkeln vor der Weihnachtskrippe. Die Kerzen flackern und die Gesichter der Kinder leuchten im Kerzenschein.

Oma Petra erzählt: „Schaut nur die verschiedenen Figuren an. Besonders gut gefallen mir die Hirten.“ Sie nimmt eine Figur in die Hand. Der Hirte ist aus Holz geschnitzt. Er hat einen Hirtenstab in der Hand.

„Und die Schafe sind auch süß“, freuen sich die Enkel. Die Kinder nehmen jeweils ein Schaf aus der Krippe und halten es in der Hand.

Die Oma erklärt: „Die Hirten haben an Weihnachten einen Engel gesehen. Er hat ihnen gesagt: Fürchtet euch nicht. Euch ist heute der Heiland geboren.“

Da fragt eines der Enkelkinder: „Was bedeutet das eigentlich?"

„Ganz einfach", antwortet Oma Petra. „Dass Jesus die Menschen mit Gott versöhnt hat."

Dann beginnt die Oma das Lied „Kommet, ihr Hirten" zu summen. Der Text geht so (Strophe 1 und 3):

Kommet, ihr Hirten, ihr Männer und Fraun,
kommet, das liebliche Kindlein zu schaun,
Christus, der Herr, ist heute geboren,
den Gott zum Heiland euch hat erkoren.
Fürchtet euch nicht!
Wahrlich, die Engel verkünden heut
Bethlehems Hirtenvolk gar große Freud:
Nun soll es werden Friede auf Erden,
den Menschen allen ein Wohlgefallen.
Ehre sei Gott!

In welchen Advents- und Weihnachtsliedern kommen Figuren aus der Weihnachtskrippe vor?

Zum Beispiel:
Kommet, ihr Hirten.
Zu Bethlehem geboren.
Brich an, du schönes Morgenlicht.
Ich steh an deiner Krippen hier.
Ihr Kinderlein, kommet.
Stille Nacht, heilige Nacht.

Es ist ein Ros entsprungen

Tipp: Lassen Sie Ihren Zuhörer am Zweig eines Tannenbaumes riechen.

Rosalie ist am 22. Dezember geboren, also kurz vor Weihnachten. Während ihrer Geburt spielte im Radio das Lied „Es ist ein Ros entsprungen". Aus diesem Grund hat die Mutter das Töchterlein Rosalie genannt.

Inzwischen ist Rosalie eine alte Frau. Sie ist mit Alois verheiratet. Und Alois bringt Rosalie jedes Jahr zu ihrem Geburtstag eine Rose mit. Weil seine Frau Rosalie heißt. Er schaut ihr dann immer tief in die Augen und sagt: „Die bekommst du aber nicht nur, weil du Rosalie heißt. Sondern, weil ich dich lieb habe."

In dem alten Weihnachtslied „Es ist ein Ros entsprungen", geht es übrigens gar nicht um eine Rose. Auch wenn es sich so anhört. Nein, es geht um einen Reis, einen Zweig. Dieser schlägt aus einem Baum neu aus. Genau das hat Gott versprochen: So wie ein neuer Zweig aus einem alten Baum ausschlagen kann, so wird Jesus alles neu machen. Um ihn geht es an Weihnachten.

Jesaja („Jesse") hat das so in der Bibel vorhergesagt (Jesaja 11,12). Und hier ist die 1. Strophe des Liedes:

Es ist ein Ros entsprungen
aus einer Wurzel zart,

wie uns die Alten sungen,
aus Jesse war die Art
und hat ein Blümlein bracht
mitten im kalten Winter
wohl zu der halben Nacht.

Aktivierung: Redensarten zu Bäumen und Rosen

Er kommt auf keinen grünen … Zweig.
Säge nicht an dem Ast, auf dem du … sitzt.
Buchen sollst du suchen, Eichen sollst du ... weichen.
Schenkt man sich Rosen in … Tirol.

Lobt Gott, ihr Christen allegleich

Tipp: Bringen Sie verschiedene Schlüssel mit – vielleicht finden Sie sogar Schlüssel, die der Zuhörer früher selber benutzt hat.

Opa Ferdi hat eine Schwäche: Süßigkeiten. Ob Schokolade, Marzipan oder Rumkugeln – Opa Ferdi schlägt zu. Weder die Lebkuchen noch der Schoko-Nikolaus sind vor ihm sicher.

Eines Tages sagt Ferdi zu seiner Frau Henriette: „Am besten packst du alle Süßigkeiten in einen Schrank und

schließt ab. Und du allein bekommst den Schlüssel."
Gesagt – getan. Schwupps sind alle Süßigkeiten im Schrank verschwunden.

Das hilft Ferdi. Manchmal sagt er zu Henriette: „Bitte gib mir einen Schokoriegel." Oder: „Hast du mir ein paar Gummibärchen?" Dann geht Henriette zum Schrank – und legt Ferdi das Gewünschte auf einen Teller. Aber immer in kleinen Mengen ...

Seither kann Ferdi sich viel mehr auf Süßigkeiten freuen. Er genießt sie bewusst. Und Ferdi hat kein Übergewicht mehr. Ferdi sagt: „Gut, dass ich Henriette habe. Und gut, dass sie einen Schlüssel hat."

In einem Weihnachtslied ist auch von einem Schlüssel die Rede: Da geht es aber nicht um Süßigkeiten, die aus dem Schrank kommen. In dem Lied geht es um Gott. Er öffnet die Tür des Himmels. Genau das feiern wir an Weihnachten: Jesus öffnet uns die Tür zum Himmel, die Tür zu Gott.

Die erste Strophe heißt:

„Lobt Gott, ihr Christen, allegleich
in seinem höchsten Thron,
der heut schließt auf sein Himmelreich
und schenkt uns seinen Sohn."

Aktivierung: Genießen Sie zusammen etwas Süßes. Und lesen Sie dabei ein Weihnachtslied vor.

Vom Himmel hoch

Dieses bekannte Weihnachtslied ist schon sehr alt, es stammt von Martin Luther. Von den vielen Strophen kennen die meisten heute nur noch die erste. Hier sind die ersten drei. Wissen Sie, was eine „Mär“ ist? Das ist ein altes Wort für „Erzählung“ oder „Nachricht“. Die „gute Nachricht“ lautet: Jesus ist geboren.

Vom Himmel hoch, da komm ich her,
ich bring euch gute neue Mär;
der guten Mär bring ich so viel,
davon ich singen und sagen will ...

Euch ist ein Kindlein heut geborn
von einer Jungfrau auserkorn,
ein Kindelein so zart und fein,
das soll euer Freud und Wonne sein.

Es ist der Herr Christ, unser Gott,
der will euch führn aus aller Not.
Er will euer Heiland selber sein,
von allen Sünden machen rein.

Aktivierung: Zählen Sie zusammen auf, was schön ist an Weihnachten. Geschenke, Familie kommt zusammen, leckeres Essen, Gottesdienst ...

O du fröhliche

Tipp: Fragen Sie, welche bekannten Weihnachtslieder Ihr Zuhörer kennt und welches sein Lieblingslied ist.

Ein Lied darf an Weihnachten nicht fehlen. „Es gehört zum Christfest wie die Stiefel zum Nikolaus und wie die Kerzen zum Weihnachtsbaum", erklärt Angelika. Es heißt: „O du fröhliche".

Angelika hat es schon häufig gesungen. Wenn es draußen kalt und in der Stube schön warm ist. Wenn die Familie Kugeln an den Baum hängt – oder wenn die Kinder Weihnachtsgeschenke auspacken. Die erste Strophe heißt:

O du fröhliche, o du selige
gnadenbringende Weihnachtszeit!
Welt ging verloren, Christ ist geboren:
Freue, freue dich, o Christenheit!

Angelika liebt dieses Lied, weil es so fröhlich klingt. Egal, ob sie zu Hause ist oder in der Kirche: Immer wieder stimmt sie dieses Lied an. Hier die zweite Strophe:

O du fröhliche, o du selige
gnadenbringende Weihnachtszeit!
Christ ist erschienen, uns zu versöhnen:
Freue, freue dich, o Christenheit.

Alle, die Angelika kennen, wissen genau, wie gern sie „O du fröhliche“ singt. Ihr Mann, ihre Kinder, ihre Freundinnen. Und darum stimmen alle zusammen mit Angelika immer wieder dieses Lied an. Hier die dritte Strophe:

O du fröhliche, o du selige
gnadenbringende Weihnachtszeit!
Himmlische Heere jauchzen dir Ehre:
Freue dich, freue dich, o Christenheit!

Der Name Angelika passt übrigens auch gut zu diesem Lied. Denn ihr Name bedeutet „Engel“. Und im Lied heißt es ja: „Himmlische Heere (also Engel) jauchzen dir Ehre“ …

Aktivierung: Singen Sie den Refrain gemeinsam.

Süßer die Glocken nie klingen

Tipp: Bringen Sie eine CD mit weihnachtlicher Blechbläsermusik mit.

Mathilde hat schöne Erinnerungen an die Weihnachtszeit in ihrer Kindheit. Besonders eines fand sie immer sehr schön: die Kirchenglocken. Sie erzählt ihrer Enkelin: „Es war stets kalt an Weihnachten. Ich habe eine Gänsehaut bekommen und geschlottert."

An Weihnachten haben die Kirchenglocken geläutet. Und der Posaunenchor hat gespielt. Deshalb liebt sie ein Weihnachtslied ganz besonders:

Süßer die Glocken nie klingen
als zu der Weihnachtszeit;
's ist, als ob Engelein singen
Lieder von Frieden und Freud',
wie sie gesungen in seliger Nacht,
Glocken mit heiligem Klang,
klinget die Erde entlang!

Darum hat all das für Mathilde miteinander zu tun: Wenn sie die Kirchenglocken in der Kälte hört, denkt sie an dieses Lied. Und wenn sie dieses Lied an Weihnachten singt, denkt sie an die Kirchenglocken. Sie erinnert sich an früher – und dann wird es ihr warm ums Herz. Und oft summt oder pfeift Mathilde leise dieses Weihnachtslied: „Süßer die Glocken nie klingen ..."

Aktivierung: Singen Sie zusammen das Lied „Süßer die Glocken nie klingen".

Silvester / Neujahr

Der Wettstreit der Monate

Alle Monate des Jahres haben sich einmal getroffen. Und jeder war davon überzeugt, dass er besonders wichtig ist – und dass man das ganze Jahr nach ihm benennen sollte.

Der Januar sagte: „Ich bin der wichtigste Monat, weil ich zuerst komme."

Der Februar antwortete: „Nein. Ich bin der einzige Monat, der nur 28 Tage hat. In der Kürze liegt die Würze. Da kann keiner mithalten."

Der März lächelte. „Aber im März strahlt zum ersten Mal wieder die Sonne und die Menschen freuen sich darüber."

Der April grinste. „Und bei mir fängt's immer gleich mit einem Aprilscherz an. Am ersten April sorge ich für Lachen und gute Laune. Was kann es Besseres geben?"

Darauf antwortete der Mai: „Über mich gibt es viele schöne Lieder. Zum Beispiel: Der Mai ist gekommen. Und die Menschen nennen mich Wonnemonat!"

Der Juni lächelte besonnen. „Im Juni gibt's Erdbeeren. Erdbeeren mit Schlagsahne, Erdbeerkuchen und frisches Erdbeereis."

Der Juli antwortete: „Aber wenn ich dran bin, fangen die Leute an, für den Sommerurlaub zu packen. Was gibt es Schöneres als Ferien?"

August grinste. „Im August ist es am heißesten. Die Menschen gehen ins Freibad. Und es gibt richtig starke Gewitter."

Der September ergänzte: „Dafür bin ich mild und schön – und es blühen Sonnenblumen."

Der Oktober strahlte. „Aber so schöne bunte Blätter wie im Oktober findet ihr in keinem anderen Monat."

Der November antwortete: „Dafür bringe ich den schönsten Nebel mit."

Der Dezember triumphierte: „Also, ich bin so wichtig, dass die Menschen meine Tage zählen. Vom ersten bis zum 24. Dezember gibt's einen Adventskalender. Dann feiern sie Weihnachten. Und zuletzt werde ich mit einem großen Feuerwerk verabschiedet."

Die Monate wurden sich nicht einig darüber, wer von ihnen der beste und der schönste Monat ist. Also beschlossen sie: Jeder soll einmal im Jahr drankommen. Und darum wechseln sie sich schön nacheinander wieder ab.

Kennen Sie Sprüche und Lieder über Monate?

Im Märzen der Bauer die Rösslein an… (-spannt).
Der April macht, was er ... (will).
Der Mai ist ge… (-kommen).

Charlotte und das Wetter

Tipp: Das Wetter ist immer ein dankbares Gesprächsthema. Fragen Sie Ihren Zuhörer, wie das Wetter war … am Tag seiner Kommunion/Konfirmation, am Hochzeitstag? Vielleicht finden Sie sogar noch Fotos von diesem Tag, die Sie zeigen können.

Charlotte ist auf einem Bauernhof aufgewachsen. Ihre Eltern hatten Hühner und Pferde, Kühe und Schafe. Die Eltern pflanzten und ernteten. Sie arbeiteten den lieben langen Tag. Und der Vater hatte einen Buckel vom Arbeiten. Charlottes Eltern schauten oft zum Himmel. Dann wussten sie, wie das Wetter wird. Sie wussten, wann sie das Heu ins Trockene bringen mussten und wann sie die Kühe auf die Alm treiben konnten.

Darum schaut Charlotte oft zum Himmel. Sie kennt noch viele Bauernregeln, die mit dem Wetter zu tun haben. Wenn Charlotte die Wolken betrachtet, kann sie sagen, wie das Wetter wird.

Da gibt es zum Beispiel die Regel, die aussagt, wie viele Eier es gibt:

„Gibt es an Fasnacht viele Sterne,
legen alle Hennen … gerne.“

Und Charlotte weiß auch, wie sich schönes Frühlingswetter auswirkt:

„Wenn's Wetter gut am ersten Mai,
dann gibt es viel und gutes … Heu."

Charlotte kennt auch die Folgen eines strahlenden Sommermorgens:
„Geht die Sonne feurig auf,
folgen Wind und Regen … drauf."

Und ein Gewitter im Sommer bedeutet oft nichts Gutes:
„Fängt der August mit Donnern an,
er's bis zum End nicht lassen … kann."

Bleibt der September sommerlich, weiß Charlotte, dass das schöne Folgen hat:
„Septemberwetter warm und klar
verheißt ein gutes nächstes … Jahr."

Ein heißer Oktober hat mehrere Wirkungen. Charlotte freut sich, wenn es im Oktober warm ist. Denn:
„Oktober-Sonnenschein
schüttet Zucker in den … Wein."

Andererseits weiß Charlotte auch, dass dann der Winter ziemlich kalt wird:
„Ist der Oktober warm und rein,
kommt ein scharfer Winter … hinterdrein."

Charlotte achtet auf die Wolken und den Himmel. Und sie weiß, was das Wetter für Folgen hat. Es ist schön, wenn man so eng mit der Natur verbunden ist.

Aktivierung: Sprechen Sie über Wetterregeln. Welche Regeln kennen Sie? Haben Sie diese Regeln in Ihr Leben einbezogen? Stimmen diese Regeln?

Von guten Mächten

Tipp: Es gibt mehrere Vertonungen des Liedes „Von guten Mächten wunderbar geborgen" von Dietrich Bonhoeffer. Lesen Sie den Text vor oder singen Sie das Lied gemeinsam (EG 65).
Vielleicht blättern Sie im Kalender: Was ist im vergangenen Jahr alles passiert, Schönes und Trau-riges? Das Lied ermutigt, voller Vertrauen in das neue Jahr zu gehen, weil Gott mit uns geht.

Von guten Mächten treu und still umgeben,
behütet und getröstet wunderbar,
so will ich diese Tage mit euch leben
und mit euch gehen in ein neues Jahr.
Noch will das Alte unsre Herzen quälen,
noch drückt uns böser Tage schwere Last.

Ach Herr, gib unsern aufgescheuchten Seelen
das Heil, für das du uns geschaffen hast.
Von guten Mächten wunderbar geborgen,
erwarten wir getrost, was kommen mag.
Gott ist bei uns am Abend und am Morgen
und ganz gewiss an jedem neuen Tag.

Gesprächsimpuls: Was machen Sie um den Jahreswechsel herum? Haben Sie um Mitternacht immer das Feuerwerk angeschaut? Haben Sie Silvester auch schon mal verschlafen?
Zum Neuen Jahr wünscht man sich vielerlei. Was haben Sie anderen gewünscht? Gesundheit, Glück, Erfolg ...

Dreikönigstag

Das Krippenspiel

Tipp: Vielleicht hat Ihr Angehöriger an Weihnachten früher gerne Familiengottesdienste mit Krippenspiel besucht. Sprechen Sie über die gemeinsamen Erfahrungen mit Krippenspielen. Diese Geschichte will daran anknüpfen.

Wie in jedem Jahr soll an Heiligabend in der Kirche ein Krippenspiel aufgeführt werden. Heute treffen sich alle Kinder, die mitspielen möchten.

Pfarrer Bergmann erklärt: „Wir brauchen einen Wirt, einen Hirten, einen Engel, die Weisen aus dem Morgenland – und natürlich Maria und Josef."

Die Kinder tuscheln aufgeregt: „Ich würde gern den Josef machen." – „Und ich die Maria?" – „Ich wäre lieber ein Hirte." – „Nein, ich glaube, du solltest besser einen Engel spielen." – „Wie viele Weise aus dem Morgenland gibt es eigentlich?" „Und wer spielt denn Ochse und Esel?"

„Stopp", ruft Pfarrer Bergmann. „Lasst mich doch einmal klären: Wer will denn überhaupt mitspielen?"

Alle Kinder strecken die Hand hoch.

Pfarrer Bergmann zählt durch. „Siebzehn! Ihr wollt alle siebzehn mitspielen?" Er schlägt die Hände über dem Kopf zusammen. „Wir haben noch nie ein Krippenspiel mit siebzehn Kindern aufgeführt."

Max schüttelt den Kopf: „Aber das ist doch ganz einfach. Dann gibt es eben viel mehr Weise und Hirten. Dann müssen wir auch weniger Text lernen!“

Pfarrer Bergmann lacht. „Das ist eine gute Idee, Max. Und es ist wie im richtigen Leben. Denn bei Jesus ist jeder willkommen.“

Gesprächsimpuls: Haben Sie schon einmal an einem Krippenspiel mitgewirkt? Haben Ihre Kinder oder Enkel schon einmal bei einem Krippenspiel mitgemacht?

Melchiors lange Reise

Viele Menschen mit Demenz lieben Reime. Darum habe ich über die Dreikönigsgeschichte ein Gedicht geschrieben. Oft freuen sich die Zuhörer, wenn man eine Pause vor dem reimenden Wort lässt – zum Mitraten. Und wenn es mit dem Raten nicht klappt, lesen Sie einfach vor.

Ein Mann, der rief: „O weh, o weh,
mein Gesäß tut furchtbar weh!“
Der Mann saß auf dem Dromedar
bei Caspar und bei Balthasar.
Die Reise wurde ihm zu schwer,
doch tapfer ritt Melchior hinterher.

Die drei Weisen reisten durch das Land,
der Weg war ihnen nicht bekannt.
Und doch verirrten sie sich nicht,
denn am Himmel stand ein helles Licht.
Der Stern, er war von Gott gesandt
für die drei Weisen aus dem Morgenland.
Über einem Stall blieb der Stern endlich stehen,
die drei mussten nicht mehr weitergehen.
Melchior und Co. blinzelten durch die Ritzen,
sie sahen eine Frau und einen Mann drin sitzen.
Das Paar war übrigens nicht allein:
Sie hatten ein Baby, es war noch ganz klein.
Caspar sprach: „Lasst uns eintreten,
wir wollen gern das Kind anbeten."
Caspar, Balthasar und Melchior
klopften und öffneten das Tor.
Josef rief: „Tretet ein! Schalom!
Seht unser Kind, es ist Gottes Sohn!
Sein Name ist Jesus, das prägt euch ein!
Er wird unser Erlöser sein."
Die drei nahmen ihre kostbaren Gaben
und legten sie feierlich vor den Knaben.
Sie verstanden: Gott macht sich ganz klein,
er will ganz nah bei den Menschen sein.
Drum dürfen wir Gott alles sagen heut:
das, was uns wehtut und was uns freut.
Sogar Melchior war da sehr froh
und vergaß seine Schmerzen am … Popo.

Das beste Geschenk

Opa Heinrich hat Besuch von seinem Enkel Lars. Der Opa blättert am Abend den Kalender um. Dabei stellt er fest: „Morgen ist der 6. Januar. Dreikönig."

Enkel Lars schaut den Opa an. „Dreikönig. Worum geht's denn an Dreikönig?"

Der Opa erklärt: „Die Weisen aus dem Morgenland sind zu Jesus gegangen. Und sie haben ihm etwas geschenkt."

Lars kratzt sich am Kopf. „Was haben sie ihm geschenkt? Spielsachen?"

Der Opa erklärt: „Nein. Gold, Weihrauch und Myrrhe."

Lars runzelt die Stirn. „Was sind das für komische Geschenke?"

Da lächelt der Opa. „Die Geschenke waren sehr wertvoll. Und sie haben eine Bedeutung:

Gold heißt: Jesus, du bist mir viel wert. Jeder weiß, dass Gold sehr kostbar ist.

Weihrauch will sagen: Jesus, ich bete zu dir. Denn Weihrauch steigt nach oben.

Und *Myrrhe* ist eine alte Medizin. Es bedeutet: Jesus heilt mich. Er hilft mir. Er macht mich heil."

Lars meint: „Ja, das sind schöne Geschenke. Aber was ist mit mir? Ich habe keine Gold, Weihrauch und Myrrhe. Kann ich Jesus auch etwas anderes schenken?"

Der Opa antwortet: „Ja, schenk ihm dein Herz."

Lars fragt: „Wie bitte? Mein Herz? Wie kann ich ihm denn mein Herz schenken?“

„Ganz einfach“, erklärt der Opa. „Du kannst beten und sagen: Jesus, ich vertraue dir.“

Lars überlegt kurz und sagt: „Das ist für Jesus sicher noch wertvoller als Gold. Denn Gold, Weihrauch und Myrrhe könnte er ja selber erschaffen. Aber mein Herz kann nur ich ihm schenken.“

„Richtig“, nickt der Opa. „Darüber freut sich Gott am meisten. Das ist das beste Geschenk.“

Winter

Wenn Sie eine Aktivierungsrunde zum Thema Winter machen, können Sie eine Schale winterlich dekorieren: Nehmen Sie Kokosflocken als Deko-Schnee. Dazu passen Tannenzapfen, Nüsse, Zweige mit roten Beeren, trockene Blätter …

Vielleicht finden Sie auf dem Speicher noch alte Skier oder einen Schlitten. Bringen Sie eine Mütze, einen Schal und Handschuhe mit. Aus Watte können Sie „Schneebälle“ formen.

Eine Wärmflasche erzählt

Tipp: Bringen Sie einige alte und neue Wärmflaschen mit.

Mein Name ist „Kuschel“, weil jedermann und jedefrau so gerne mit mir kuschelt.

Wenn ich leer bin, bin ich ganz flach. Normalerweise aber füllen die Menschen warmes Wasser in mich hinein. Wenn man mich mit Wasser füllt, habe ich einen Bauch. Einen Wasserbauch. Ich bin oval. Manche Menschen wickeln ein Handtuch um mich. Ich bin eine Wärmflasche. Manche sagen dazu auch „Bettflasche“.

Ich bestehe aus Gummi. Es gibt aber auch ältere Modelle von Wärmflaschen. Diese sind aus Metall und verzinkt. Sie sehen immer gleich aus, egal ob sie leer oder voll sind.

Meine Besitzerin heißt Marianne. Sie legt mich abends in ihr Bett und wärmt ihre Füße an mir. Marianne hat mir auch meinen Spitznamen gegeben: „Kuschel". Immer wieder sagt sie: „Wie schön, dass ich meine Kuschel-Bettflasche habe. Die ist so schön warm. Da gehe ich gleich viel lieber ins Bett." Das ist dann ein fröhliches Fußkuscheln.

Mitten in der Nacht wacht Marianne immer auf. Dann hat sie schön warme Füße. Aber ich, die Bettflasche, bin kalt, weil das Wasser in mir drin abgekühlt ist. Und, was macht Marianne dann? Sie gibt mir einen Tritt. Schwupps! Ich fliege aus dem Bett und lande auf dem Fußboden. Das finde ich wirklich gemein.

Wenn ich abends Mariannes Füße wärme, könnte sie mich doch wenigstens unter der Bettdecke liegen lassen. Ich sage euch: Das Leben als Bettflasche ist ganz schön hart!

Eine Erinnerung

Früher kannte man noch keine Bettflaschen oder konnte sie sich nicht leisten. Oft haben die Menschen dann einen Dachziegel oder Ziegelstein genommen und in die Backröhre gesteckt. Wenn er dann heiß war, haben sie ihn in ein Tuch gewickelt – und zum Wärmen ihrer Füße benutzt.

Müde bin ich …

Max, Ralf und Lena sind aufgedreht. Sie springen durch die Küche. Max ruft: „Ralf, ich fang dich gleich." Er springt Ralf hinterher. Dabei rempelt er Lena an. Und Lena quietscht laut. Die Mutter schlägt die Hände über dem Kopf zusammen. „Wie kriege ich bloß Ruhe in die Kinderschar?"

Opa lächelt. „Ganz einfach. Ich gehe mit den Kindern raus. Da können sie toben. Und danach sind sie müde." Schon packen Mama und Opa die Kinder ein: Schal und Mütze, Jacke und Stiefel. Dann geht's raus in die Kälte.

Opa zieht Lena und Ralf auf dem Schlitten hinter sich her. Max springt voraus. Dann rodelt der Opa mit allen drei Kindern den Hang hinunter. Die drei rufen: „Noch mal, Opa!"

Und noch mal zieht Opa seine Enkel den Berg hinauf. Zweimal, dreimal, viermal. Unzählige Male: den Hang hochlaufen – und runterrutschen.

Am Abend kommen die vier nach Hause. Lena lacht. „Das war aber schön, Opa."

Die Mama sagt: „Habt ihr euch auch schön ausgetobt?"

Max rennt durch das Wohnzimmer. Offenbar ist er noch nicht müde.

Der Opa schüttelt den Kopf. „Aber ich bin fix und fertig. Ich leg mich jetzt erst mal hin."

„Oh nein." Die Mutter schüttelt den Kopf. „Eigentlich sollten ja die Kinder müde werden. Nicht der Opa."

Aktivierung: Der „Muff“ und andere Winterklamotten

Bringen Sie Handschuhe, eine Mütze, einen Schal, dicke gestrickte Socken mit. Vielleicht finden Sie ja sogar einen „Muff“ von früher.
Was sind das für Sachen?
Ordnen Sie die Kleidungsstücke den zu wärmenden Körperteilen zu.
Erklärung: Ein Muff ist eine Röhre aus Pelz oder warm gefüttertem Stoff. Der Muff ist auf beiden Seiten offen. Man benutze ihn, um die Hände darin zu wärmen.
Lassen Sie die Zuhörer erzählen, welche Kleidung sie früher trugen – und überlegen Sie gemeinsam, wie sich die Mode verändert hat.

Frau Maus geht raus

Tipp: Lesen Sie diese Geschichte vor einem Spaziergang vor.

Frau Maus liegt im Bett. Sie räkelt sich. „Es ist so schön warm hier“, freut sie sich. Da klingelt ihr Telefon auf dem Nachttisch.

„Nein, ich will mich gar nicht bewegen“, murmelt Frau Maus. „Soll es doch klingeln. Es ist gerade so gemütlich warm im Bett.“ Sie zieht die Bettdecke über den Kopf – und schon schläft sie wieder ein.

Aber da klingelt das Telefon erneut.

„Hallo“, ruft Frau Maus in den Hörer.

„Guten Morgen, Frau Nachbarin“, schallt es ihr entgegen. „Haben Sie Lust, eine Runde mit mir spazieren zu gehen?“

„Spazieren? Brrrh.“ Frau Maus schlottert schon alleine bei diesem Gedanken. „Draußen ist es bitterkalt.“

Die Nachbarin sagt fröhlich: „Eben drum. Die Luft ist so klar und rein, das wird uns guttun.“

„Na meinetwegen“, murmelt Frau Maus. Eine halbe Stunde später spazieren sie durch den Wald.

„Sie haben recht“, sagt Frau Maus. „Die Luft ist sehr klar. Das tut so gut. Da atme ich gleich viel tiefer durch.“ Der Wind bläst Frau Maus um die Nase. Sie zieht sich den Schal enger um den Hals.

Die Nachbarin sagt: „Ja, gell. Man muss doch auch mal rausgehen. Wenn man die ganze Zeit nur im warmen Bett und in der Stube liegt, wird man krank.“

Die beiden Frauen bleiben vor einem Nistkasten stehen. Die Vögel fliegen hin und her. Ein Reh schaut zwischen den Bäumen hervor – dreht sich um und verschwindet.

Da sagt Frau Maus: „Was man hier draußen alles sieht! Es ist doch sehr schön, mit Ihnen durch die Kälte zu spazieren.“

Gesprächsimpuls: Was kann man tun gegen Kälte?

Einen dicken Pullover anziehen, die Füße mit flauschig warmen Hausschuhen einpacken, dicke selbst gestrickte

Socken anziehen, sich in eine Decke einkuscheln, ein Feuer im Kamin anzünden, heißen Tee trinken, die Heizung hochdrehen, kalt duschen, warm baden, scharf essen, in die Sauna gehen, Gymnastik machen, sich bewegen, Schal und Mütze anziehen, mit dem Partner kuscheln, ins Warme gehen …

Aktivierungsidee: Ein Korb voller Handschuhe

Bringen Sie einen Korb voller Handschuhe mit. Männer-, Frauen- und Kinderhandschuhe. Strickhandschuhe, Fäustlinge, Lederhandschuhe. Nehmen Sie alle Handschuhe mit, die Sie nur auftreiben können. Wenn Sie in einem Altenheim arbeiten, können Sie auch alle Kolleginnen fragen, die gerade Dienst haben, ob sie ihre Handschuhe für die Aktivierung zur Verfügung stellen.
Stellen Sie den Korb mit den durcheinandergewürfelten Handschuhen nun auf den Tisch. Sortieren Sie diese gemeinsam zu den jeweiligen Paaren zusammen.

Gesprächsimpulse ergeben sich dabei wie von selbst:
Was sind Ihre Lieblingshandschuhe? Bei welchen Gelegenheiten haben Sie Handschuhe getragen? Wo haben Sie die Handschuhe im Sommer aufbewahrt? Wo haben Sie die Handschuhe gekauft? Haben Sie schon selbst Handschuhe gestrickt?

Es ist für uns eine Zeit angekommen

Tipp: Suchen Sie den Liedtext zu diesem Lied. Lesen Sie ihn komplett vor oder singen Sie ihn gemeinsam.

Wilma hat ein Lieblingslied. Das singt sie gerne im Winter:

Es ist für uns eine Zeit angekommen,
die bringt uns eine große Freud.

Dieses Lied hat sie schon als Kind gelernt. Ihre Mutter hat diese Zeilen immer gesungen. Und Wilma erinnert sich, wie sie als Kind mit der Familie über Wiesen voller Schnee gewandert ist. Dabei hat die Mutter mit Wilma und ihren Geschwistern gesungen:

Übers schneebedeckte Feld
wandern wir, wandern wir
durch die weite, weiße Welt.

Die Mutter hat dann erklärt: „Du kannst dir das richtig gut vorstellen: Alles ist zugefroren. Unter der Schneeschicht sind Seen und Bäche gefroren." Und schon haben sie zusammen die nächste Strophe gesungen:

Es schlafen Bächlein und Seen unterm Eise,
es träumt der Wald einen tiefen Traum.

Wilma wird dabei immer ganz warm ums Herz. Denn als Kind hat sie sich stets vorgestellt, dass die Bächlein und Seen unter Schnee und Eis flauschig warm zugedeckt sind wie mit einer Decke. Und dann ist die Mutter mit Wilma und den Kindern weitergewandert. Dabei haben sie gesungen:

Durch den Schnee, der leise fällt,
wandern wir, wandern wir
durch die weite, weiße Welt.

Der Meisenknödel

Endlich! Es ist Winter. Wie frischer Puderzucker hat der Himmel Schnee über die Landschaft gestreut. Und Frieda sitzt hinter dem Fenster. Sie sagt: „Ich kann nicht mehr raus, aber ich hole mir die Natur vors Fenster."

Wie macht sie denn das? Ganz einfach!

Frieda hat einen Meisenknödel vor ihr Fenster gehängt. Und die Vögel haben ihn bald entdeckt. Kohlmeisen fliegen an den Knödel und picken wie wild darauf herum. Ihr gelber Bauch strahlt dabei in der Sonne.

Manchmal streiten die Vögel auch miteinander. Frieda denkt sich dann: Das ist wie bei den Menschen. Die sind auch nicht immer ganz friedlich miteinander. Und sie muss lachen. Wenn die Meisen miteinander streiten, wollen sie einander wohl anschreien: „Geh weg. Das gehört mir."

Frieda liebt es, die kleinen, fröhlichen Meisen zu beobachten. Und nicht nur die Meisen machen ihr Freude. Auf das Fensterbrett hat Frieda Sonnenblumenkerne gestreut. Die Spatzen kommen und picken danach. „Tschilp, tschilp", rufen die frechen grau-braunen Vögel. Außerdem sieht Frieda Elstern und Krähen, Amseln, Rotkehlchen und Grünfinken.

Wenn Frieda aus ihrem Fenster schaut, sagt sie manchmal: „Hier ist es schöner als im Zoo. Und ich muss nicht mal mein Zimmer verlassen, um all die schönen Vögel zu sehen."

Redensarten und Lieder mit Vögeln zum Ergänzen und Singen:

Kommt ein Vogel ge… (-flogen).
Amsel, Drossel, Fink und … (Star).
Ein Vogel wollte Hochzeit … (machen).
Die Spatzen pfeifen's von den … (Dächern).
Besser der Spatz in der Hand als die Taube auf dem … (Dach).
Aktivierung: Hängen Sie einen Meisenknödel in Sichtweite. Beobachten Sie zusammen die Vögel.

Frau Lehmann und der Schneemann

Tipp: Machen Sie es wie die Enkel von Frau Lehmann. Bringen Sie eine Schüssel voll Schnee ins Haus. Formen Sie eine Kugel oder sogar einen kleinen Schneemann daraus.

Frau Lehmann kann nicht mehr gut laufen. „Meine Knochen tun weh", klagt sie.

An einem Tag kommt ihr Enkel zu Besuch. Traurig sagt Frau Lehmann: „Draußen liegt so viel Schnee. Und ich kann nicht mehr raus. Keine Schneeballschlachten mehr. Und die Zeiten, in denen ich einen Schneemann gebaut habe, sind auch vorbei."

Frau Lehmanns Enkel überlegt. „Warte, ich habe eine andere Idee." Er nimmt eine große Schüssel und geht damit in den Garten. Mit beiden Händen häuft er einen Berg Schnee in die Schüssel. Schnell geht er wieder ins Haus.

Der Enkel stellt einen Teller auf den Tisch und formt zusammen mit seiner Oma drei Kugeln für einen Schneemann. Eine Kugel, zwei Kugeln, drei Kugeln. „Fertig ist der Schneemann", lächelt die Oma.

„Und jetzt noch eine Karotte als Nase ins Gesicht", ergänzt der Enkel. „Und Knöpfe. Als Augen und für den Bauch."

Frau Lehmann holt alles herbei. Ja, so kann der Schneemann sich sehen lassen.

Ein wenig Schnee in der Schüssel ist noch übrig. Oma Lehmann greift hinein. Sie macht ihre Hand voll. Dann zieht sie am Pullover des Enkels – und steckt ihm den Schneeball in den Rücken.

„Brrr, ist das kalt". Der Junge verzieht das Gesicht. „Oma, das hätte ich dir gar nicht zugetraut."

„Ich mir auch nicht", antwortet die Oma – und lacht.

Aktivierung: Machen Sie eine Schneeballschlacht mit Wattebäuschen. Das macht richtig Spaß und ist ein gutes Ganzkörpertraining.

ABC – die Katze lief im Schnee

Hier sollen Begriffe, Eigenschaften, Tätigkeiten, Hauptwörter usw. gesucht werden, die zum Winter gehören. Die Ergebnisse können Sie auf ein großes Blatt Papier oder einen Flipchart schreiben. Gehen Sie am ABC entlang oder schreiben Sie auf, was Ihnen gerade einfällt.

Darüber hinaus können die einzelnen Begriffe als Impuls für ein Gespräch über Winterthemen genutzt werden. Etwa:

„Holz" – Haben Sie früher mit Holz geheizt? Haben Sie selber Holz im Wald geschlagen?

„Vögel" – Hatten Sie einen Nistkasten im Garten?

Oder einen Meisenknödel am Fenster?

A Anorak, Abfahrtski, Alpinski, Apfelpunsch …
B Bobfahren, Brille, backen, Bonbon, Bratapfel …
C Christbaum, Christkind, Christstollen …
D drinnen, Dunkelheit, Decke …
E Eiszapfen, Eislaufen, Erkältung, Eukalyptusbonbon …
F Frost, feiern, frieren, Ferien …
G gemütlich, Geschenke, glitzern, Glühwein, Gesang, Gänsebraten …
H heizen, Heizung, Hustenbonbon, Halsweh, Holz …
I Iglu, Igel …
K kalt, Kerzen, kuscheln, Kohle, Keks, Kuchen …
L Langlauf, lesen, Landschaft, Lebkuchen, Lied …
M Mütze, Mandeln, Mandarine, Märchen …
N Nebel, nass, Nüsse …
O Ofen, Orange …
P Pullover, Piste, Punsch, Plätzchen …
R rodeln, rasten, Rehe …
S Schnee, Ski, Stiefel, Socken, Schlitten, Schneemann, Schlittschuhe, Schneeschuhe, Schneeballschlacht …
T Tee, Teich, Thermoskanne …
U Urlaub …
V Vögel, verpacken …
W Winterreifen, Winterschlaf, Weihnachten, Weihnachtsbaum …
Z Zeitumstellung, zugefroren, zittern, Zimtsterne …

Mit Opa auf Schlittschuhen

Tipp: Bringen Sie Bilder von Schlittschuhen mit.

Simone fragt ihren Großvater: „Opa, kommst du mit mir zum Schlittschuhfahren?"

Der Opa lächelt. „Na klar. Ich leihe mir gleich mal die neuen Schlittschuhe von deinem Papa aus."

Und schon gehen die beiden an den Rand des Dorfes. Dort ist ein kleiner See, der um diese Jahreszeit zugefroren ist.

Unterwegs erzählt der Opa: „Als Kind bin ich auch gern Schlittschuh gelaufen. Damals hatte ich aber keine speziellen Schlittschuhe, sondern es gab Kufen aus Stahl, die man an normale Stiefel geschnallt hat."

Und dann geht's auch schon los. Die beiden Abenteurer wagen sich aufs Eis. Sie drehen ein paar Runden. Auf einmal verliert der Opa das Gleichgewicht und stürzt. Da liegt er auf der Eisfläche.

„Komm, ich helfe dir", sagt Simone und hält ihm die Hand hin. Schnell hilft sie ihm auf.

„Aua", stöhnt der Opa und reibt sich die Hüfte mit der Hand. „Aber es ist halb so schlimm", findet er. „Ich kann immer noch ohne Schmerzen gehen. Es wird zwar ein paar blaue Flecken geben – aber die gehen wieder weg."

Simone lächelt. „Vielleicht gehen wir nächstes Mal lieber eine Runde spazieren. Da passiert nicht so viel."

Da grinst der Opa. „Ich glaube, die Schlittschuhe heute sind besser als früher. Aber früher war der Fahrer besser.“

Gesprächsimpulse zum Thema Eislaufen

Waren Sie schon einmal auf einem See oder Teich eislaufen? Haben Sie erlebt, dass die Eisfläche dann einmal geknackt hat? Waren Sie erschrocken?
Ist es Ihnen leichtgefallen, Eislaufen zu lernen? Haben Sie einen guten Gleichgewichtssinn?
Wie sahen Schlittschuhe früher aus?
Von wem haben Sie das Schlittschuhlaufen gelernt?
Wo waren Sie eislaufen? Auf einem Teich oder See? Gab es eine Eislaufhalle? Oder eine Fläche, die im Winter bei Minusgraden geflutet wurde?

Gesprächsimpulse zum Thema Winter

Was bedeutet der Winter für Sie?
Was gefällt Ihnen an der Winterzeit?
Haben Sie Wintersport betrieben? Schlittschuhlaufen oder Skifahren?
Können Sie den Winter genießen – oder warten Sie schon sehnsüchtig auf den Frühling?
Bereiten Sie sich auf den Winter vor?
Wo haben Sie im Sommer die Winterkleidung gelagert?

Mussten Sie diese im Herbst hervorholen?
Welche Hausrezepte helfen gegen Erkältung?
Was machen Sie im Winter gerne?
Wer hat bei Ihnen zu Hause den Schnee geräumt?
Waren Sie einmal eingeschneit? Zum Beispiel zu Hause?
Oder in den Winterferien?
Sind Sie im Winter in die Ferien gefahren?

Bewegungs- und Gymnastikgeschichten zum Winter

Bewegung und Gymnastik hält fit. Bei jeder Geschichte steht eine Übung. Die Übungen lassen sich zum Teil auch auf andere Geschichten übertragen.

Tipp: Untermalen Sie die Geschichten mit Instrumentalmusik, bewegen Sie sich im Takt dazu – und schon haben Sie einen Sitztanz.

Die Schlittenfahrt

Tipp: Ermutigen Sie Ihre Zuhörer, beim Wort „Schlitten" in die Hände zu klatschen. Machen Sie selber mit. Klatschen Sie in die Hände, wenn Sie das Wort „Schlitten" gelesen haben.

„Jetzt liegt schon so viel Schnee", freut sich Dora. Und obwohl Dora 87 Jahre alt ist, beschließt sie: „Ich gehe auf den Speicher und hole meinen Schlitten."

Dora muss erst einmal einen Staubwedel holen. Denn auf dem Schlitten liegt eine dicke Staubschicht. Sie wedelt hin und her, dann ist der Schlitten sauber. Sie trägt ihn die Treppen herunter, den Schlitten.

Draußen stellt sie den Schlitten auf den Schnee und geht zum Hang. Den Schlitten zieht sie an der Leine hinter sich her. Dora dreht sich um.

„Wie schön“, sagt sie lächelnd. „Hinter mir hat er eine schöne Spur in den Schnee gezogen, mein guter alter Schlitten.“

Jetzt kraxelt Dora den Hang hinauf. Hinter sich zieht sie den Schlitten.

„Das ist ganz schön anstrengend“, findet Dora. „Ich bin auch nicht mehr die Jüngste.“ Schließlich hat sie es geschafft. Dora steht oben auf einem kleinen Hügel. Neben ihr der Schlitten.

Dora schaut in die Ferne. „Alles ist weiß!“, ruft sie. „Wie schön!“

Und dann setzt sie sich auf den Schlitten. Dora stößt sich mit den Füßen ab und rodelt den Hang hinunter. Auf ihrem Schlitten. Dabei wird sie immer schneller. Der Wind pfeift ihr um die Nase.

„Hui!“, ruft sie. Beinahe wäre sie gegen einen Baum geprallt mit ihrem Schlitten. Gerade noch rechtzeitig kann sie ausweichen.

„Das ist noch mal gut gegangen“, freut sich Dora. Und sie lächelt. „Auch im Alter kann man noch viel Spaß haben. Mit Schlitten – oder ohne Schlitten.“

Der Schneemann

Tipp: Bringen Sie verschiedene typische Winterbekleidungsstücke mit: Mütze, Schal, Handschuhe, dicke Socken. Geben Sie jedem Teilnehmer eines dieser Kleidungsstücke in die Hand. Jedes Mal, wenn das Wort „Schnee" fällt, halten die Teilnehmer diesen Gegenstand in die Höhe. Auch bei zusammengesetzten Wörtern wie „Schneeflocke". Sie können nach dem Wort „Schnee" jeweils eine kurze Pause machen.

Es ist Winter. Draußen ist es kalt. Langsam fällt der Schnee.

Die Schneeflocken wirbeln herunter und legen sich auf den Boden. Es gibt schon einen dicken Schneeteppich.

„Jetzt nichts wie raus!", sagt Magdalena. „Ich baue einen Schneemann." Und dann geht sie in den Hof. Sie greift nach der Schneeschippe. Damit schiebt sie einen ganzen Berg zusammen, einen Berg voller Schnee. Nun füllt sie beide Hände mit Schnee. Sie rollt daraus eine Kugel Schnee. Dann noch eine zweite Schneekugel. Und eine dritte Kugel. Diese drei Kugeln stellt sie aufeinander.

Magdalena lächelt. „Was für ein schöner Schneemann."

Aber halt! Etwas fehlt doch noch an diesem Schneemann. Richtig! Magdalena holt eine Karotte. Die steckt sie mitten in den Kopf von dem Schneemann. Die Nase.

Dann holt sie zwei Kieselsteine für die Augen. Schließlich bekommt der Schneemann noch einen Hut. Gut!

„So macht der Winter Spaß", findet Magdalena. Und immer wenn sie aus dem Fenster schaut, kann sie ihn sehen – ihren Schneemann.

Raus in den Schnee

Tipp: Sie können die Übung auch im Sitzen durchführen – je nach Beweglichkeit Ihrer Zuhörer.

Draußen ist es bitterkalt! Brrrh …

Hermine ruft: „Aber ich will trotzdem in die Kälte. Das ist schön. Und die frische Luft tut mir gut." Hermine streckt die Nase aus dem Fenster und atmet die frische Luft.

Gemeinsam mit Hermine atmen wir tief ein und aus. Durch die Nase atmen wir ein – durch den Mund wieder kräftig aus.

Jetzt zieht Hermine sich warme Socken an. Dazu bücken wir uns mit Hermine zu den Füßen.

Hermine zieht ihre Stiefel an. Mit ihr heben wir die Füße.

Sie schlüpft in ihre warme Jacke. Mit Hermine heben wir die Arme. (Wenn jemand die Arme nicht heben kann: über die Arme streichen.)

Hermine setzt sich die Mütze auf. Auch unsere Hände gehen zum Kopf.

Dann zieht sich Hermine die Handschuhe an. Mit Hermine streichen wir über unsere Hände.

Hermine geht nach draußen. Mit ihr stapfen wir im Schnee – wir heben die Füße dabei hoch und stampfen wieder auf den Boden.

Endlich frische Luft! Gemeinsam mit Hermine atmen wir noch ein paarmal tief ein und aus. Durch die Nase atmen wir ein – durch den Mund wieder kräftig aus.

Hermine hebt Schnee auf. Mit ihr bücken wir uns.

Sie formt ein paar Schneebälle. Mit Hermine bewegen wir die Hände, wie wenn wir einen Schneeball formen würden.

Hermine wirft den Schneeball. Mit ihr werfen wir einen Schneeball nach rechts und einen Schneeball nach links. Und einen nach vorne.

O nein, jetzt ist Hermine selbst von einem Schneeball getroffen worden. Sie will den Schneebällen ausweichen und dreht sich nach links und beugt sich nach rechts. Das tun wir jetzt auch.

Im Skiurlaub

Tipp: Machen Sie die Übungen vor.

Roswitha ist im Skiurlaub. Es ist Morgen. Roswitha steht auf. Sie öffnet den Vorhang. Gemeinsam mit Roswitha öffnen wir den Vorhang. Die Arme strecken wir dazu nach oben und dann ziehen wir sie auseinander.

Draußen ist alles weiß. Schnee liegt auf den Bergen. Jetzt gähnt Roswitha erst mal ausgiebig. Mit Roswitha können wir uns auch mal kräftig ausstrecken.

Jetzt zieht Roswitha ihre Skihose an. Dazu heben wir mit ihr das rechte, dann das linke Bein. Gerade so, wie wenn wir auch in eine Hose steigen würden.

Auf zum Skilift. „Ah, ein Schlepplift", sieht Roswitha. Sie streckt ihre Arme aus, hält sich daran fest und wird nach oben gezogen. Mit Roswitha strecken wir die Arme aus. Wenn wir können, gehen wir dabei noch ein bisschen in die Hocke.

Roswitha steigt aus dem Lift. Sie fragt sich: Wie viele andere Skifahrer sind noch da? Roswitha schaut nach links und dann nach rechts. Dazu dreht sie ihren Kopf hin und her. Mit Roswitha schauen wir nach links und dann nach rechts.

Jetzt fährt Roswitha den Hang hinunter. Hin und her, nach links und rechts. Wer es schafft, geht mit ihr in die Hocke. Oder nur im Sitzen nach rechts und links beugen. Das können wir ruhig ein paarmal wiederholen: Nach rechts, links, rechts, links …

Angekommen! Roswitha hat das Ende der Piste erreicht. Jetzt atmet sie erst einmal tief durch. Wir atmen mit ihr tief ein und aus.

Die Fahrt war anstrengend, findet Roswitha. Nun schüttelt sie ihre Arme und Beine aus. Wir können das gemeinsam mit ihr tun. Erst den rechten, dann den linken Arm. Erst das rechte, dann das linke Bein.

Die Schlittschuhfahrt

Tipp: Sagen Sie an, wann die Teilnehmer tief durchatmen können – und versuchen Sie zusammen, möglichst viele Bewegungen aus der Geschichte mitzumachen. Alle Bewegungen können Sie und die Teilnehmer im Sitzen durchführen. Beim ersten Mal wird es schwierig sein, gleichzeitig vorzulesen, Übungen vorzumachen – und die Teilnehmer dabei anzuleiten. Wenn Sie die Übung öfter wiederholen, wird es einfacher.

Die Sonne scheint. Aber es ist kalt draußen. Ich ziehe mir den warmen Mantel über.

Dazu bewege ich meine Arme nach außen und atme tief ein.

Dann beuge ich die Arme nach vorne, knöpfe die Jacke zu – und atme tief aus.

Ich marschiere los. Ich mache einen Schritt nach dem anderen. Erst einen Schritt, dann den nächsten Schritt … links, rechts, links, rechts …

Die Schlittschuhe klemme ich mir unter den Arm. Bald bin ich am See. Der See ist zugefroren. Nun schnalle ich mir die Schlittschuhe an. Dazu beuge ich mich nach unten.

Fröhlich pfeife ich vor mich hin und dann fahre ich los. Ich hebe abwechselnd das linke Bein mit dem Schlittschuh nach oben – und fahre auf dem rechten Bein. Dann hebe ich das rechte Bein nach oben – und fahre mit links.

Ich schwebe dahin und breite meine Arme aus – gerade so, wie wenn ich die Sonne umarmen möchte.

Nun ziehe ich noch ein paar Kurven auf dem See. Ich hebe das rechte Bein und dann das linke Bein.

Ich pfeife vor mich hin. Und wieder breite ich meine Arme aus – so, wie wenn ich die Sonne umarmen möchte.

Kolumnen: „Uli & die Demenz“

Der Autor dieses Buches, Uli Zeller, schreibt eine regelmäßige Kolumne mit Tipps und Gedanken zum Umgang mit Demenz. Sie finden diese gratis auf der Internetseite www.die-pflegebibel.de

Hier vier dieser Kolumnen, die mit dem Thema Weihnachten und Dreikönig zu tun haben.

Mit Gedichten durch den Advent

Reime raten macht Menschen mit und ohne Demenz Spaß.

Frau Stein kann nicht mehr sagen, wer sie ist und wo sie sich befindet. Aber wenn sie Szenen aus „Max und Moritz“ hört, spricht sie plötzlich mit. Demente Menschen kann man oft leicht mit Gedichten abholen. Besonders gut ist es, wenn sich jeweils zwei aufeinanderfolgende Zeilen reimen (Paarreim).

Tipp: Hilfreich ist, wenn Sie das letzte Wort der ersten Zeile betont vorlesen. Und vor dem reimenden Wort der zweiten Zeile machen Sie eine kleine Pause.

Auch über Advent und Weihnachten gibt es zahlreiche Gedichte, die Menschen mit Demenz kennen – und schnell erkennen. Ich habe einmal versucht, die ganze Weihnachtsgeschichte im Stil von Wilhelm Busch nachzuerzählen. Dazu habe ich mich gefragt: Wie würde es sich bei Wilhelm Busch anhören, wenn Maria und Josef nach Bethlehem wandern, sich in einem Stall einquartieren, dort Jesus zur Welt kommt – und dann noch die Hirten und die Weisen aus dem Morgenland auftreten?

Herausgekommen ist dabei folgendes Gedicht, das Sie auch in meinem Buch „Frau Krause macht Pause. Andachten zum Vorlesen für Menschen mit Demenz“ finden.

Weihnachten mit dem Esel

Tipp: Das ganze Gedicht an einem Stück wird zu lange zum Vorlesen sein. Verteilen Sie es zum Beispiel auf den ganzen Heiligabend. Deshalb wurde es hier in mehrere Teile gegliedert. Bewährt hat sich, zwischen den einzelnen Teilen Liedverse zu singen. Wenn Sie die verschiedenen Teile vortragen, können Sie sich auch auf Figuren in der Weihnachtskrippe beziehen und diese dabei in die Hand nehmen.

Der Esel gähnte um halb acht
und sagte dann noch: „Gute Nacht."
Er schaute rüber zu der Kuh.
Die gähnte auch und sagte: „Muh."
Doch plötzlich wurden beide wach:
„Wer macht da draußen so viel Krach?"
Eine Stimme rief mit lautem Schall:
„Meinetwegen! Schlaft ihr halt im Stall."
Da ging auch schon die Türe auf
und die Geschichte nahm so ihren Lauf.
Die Tür ging auf und sie ging zu
und schon war's vorbei mit der nächtlichen Ruh.
Da standen sie nun – es waren zwei Personen,
die wollten beim Esel im Stalle wohnen.
Der Mann, der war ein Kerl vom Land,
er hatte Schwielen an seiner Hand.
Eine Frau dabei hatte er auch,
sie hatte einen ganz runden Bauch.
Dass die Frau vor ihm hochschwanger war,
das war auch dem Esel sonnenklar.

Eine Weile der Esel hörte,
wer da wohl seine Ruhe störte.
Ihm war es nicht mehr geheuer.
Die zwei waren hier nur wegen der Steuer.
Maria wurde diese Frau genannt
und Josef hieß der Mann vom Land.
Aus Nazareth kamen sie angehetzt,
denn das Land Israel war ja besetzt.

Um die Zahlkraft besser einzustufen,
wurden alle heimgerufen.
Alsbald die runde Frau und der Mann
kamen also in Bethlehem an.
Menschenmassen machten es schlimmer.
Nirgends gab's für die Leute ein Zimmer.
Zum Buchen war zu diesen Stunden
ja noch kein Telefon erfunden.
An diesem Abend in Bethlehem
machten im Stall die Leute sich's bequem.
Der Esel wollte nicht gleich streiten,
sondern machte Platz beizeiten.

Der Esel sagte sich: Nach vielen Stunden
haben sie Unterschlupf gefunden.
Jetzt decken sie sich bestimmt gleich zu,
schlafen ein und geben Ruh.
Doch da hat der Esel falsch gedacht.
Es war nämlich eine besondere Nacht.
Mitternacht war's. Dann eins. Dann zwei.
Und plötzlich war die Nacht vorbei.
Mitten in der dunklen Kammer
hörte man plötzlich lautes Gejammer.
„Josef", rief die Frau, „jetzt wird es Zeit!
Die Geburt kommt. Es ist so weit!"
Bald kam das Kind, ihr ahnt es schon:
Maria hatte einen Sohn.
Der Esel dachte: Einerlei,
die Ruhe ist ja doch vorbei.

Jetzt legen sie das Babylein
auch noch in meine Krippe hinein.
Vater und Mutter und das Kind.
Die machten ganz schön Lärm und Wind.

Ruhe! O welche Empörung!
Schon wieder gab es eine Störung.
An der Stalltür machte es laut: „klopf-klopf"
und Josef streckte heraus den Kopf.
Er fragte: „Hallo, wollt ihr zu mir?
Wir sind aber doch gar nicht von hier.
Wir kamen mit verschwitzten Ohren.
Da wurde uns der Sprössling geboren."
Ein Hirte sprach: „Wir wolln nicht zu dir,
nur wegen dem Kleinen sind wir hier.
Ein Engel ist uns auf dem Feld erschienen
und sagte: ‚Jesus wird euch versöhnen.
Freut euch alle. Freuet euch sehr!
Euch ist geboren Christus, der Herr.
Er kommt für die Guten und für die Bösen.
Soll alle von der Schuld erlösen.'"

Als die Hirten endlich weiterzogen,
drei weise Männer um die Ecke bogen.
Zuerst sah man nur ihre Schatten,
dann, dass sie Geschenke bei sich hatten.
Sie kamen in den Stall geschwind
und knieten sich nieder vor das Kind.
Sie sagten: „Wir beten dich an als den König.

Unsre Geschenke sind viel zu wenig."
Einer sagte: „Dir, liebes Kind,
mein Gold schenke ich hier geschwind."
Gold ist nämlich sehr viel wert
und bedeutet: Der König sei geehrt.
Der Nächste wollte vor ihn treten
und das Kind in der Krippe anbeten.
„Ich schenk dir Weihrauch, nicht zu wenig.
Du, Jesus, sei nun auch mein König!"
Ein dritter Weiser eilte herbei
und sagte: „Ich habe Myrrhe dabei.
Myrrhe ist wertvoll, es heilt kranke Wunden.
So heilen auch Herzen, die Gott gefunden."
Die Weisen waren glücklich und froh –
Maria und Josef ebenso.

Unterhaltsames zu Dreikönig

Was feiert man eigentlich an Dreikönig? Richtig: die drei Weisen aus dem Morgenland. Die aus der Weihnachtsgeschichte. Einem Stern sind sie gefolgt, berichtet die Bibel. Und sie brachten Jesus drei Geschenke: Gold, Weihrauch und Myrrhe. Diese Geschichte steht in der Bibel (Matthäus 2,1-12).

In vielen Gegenden sind deshalb heute noch die „Sternsinger" unterwegs. Kinder ziehen von Haus zu

Haus und sammeln für einen guten Zweck. Einer trägt einen Stern. Ein anderer schwenkt ein Fässchen mit Weihrauch. So kann man die drei Könige schon von Weitem riechen.

Vor ein paar Jahren waren diese Sternsinger in einem Altenheim in Singen zu Gast. Sie schwenkten Weihrauch. Und – auf einmal begann eine Sirene zu heulen und ein Licht zu blinken. Die Feuerwehr rückte an. Die Zeitung meldete am nächsten Tag: „Weihrauch löst Feueralarm aus." Inzwischen hängt jedes Jahr an Dreikönig ein Plakat an der Tür: „Sternsinger willkommen. Weihrauch bitte draußen lassen." Nicht nur wegen des Feueralarms – für den Umgang mit dementen Menschen gilt grundsätzlich: Seien Sie vorsichtig mit Feuer, Kerzen oder Räucherkerzen. Lassen Sie Ihren Angehörigen nie alleine mit etwas, das einen Brand auslösen kann. Bringen Sie Rauchmelder an.

Vor einigen Jahren habe ich mir einen Satz Krippenfiguren aus Olivenholz gekauft. Handgeschnitzt in Israel. An Dreikönig nehme ich die Krippenfiguren mit ins Altenheim. Damit kann man gemeinsam raten. Auch demente Menschen erkennen häufig noch viel.

Sage ich etwa: „Die Weisen aus dem Morgenland heißen Kaspar, Melchior und ..." Dann ergänzen meine Zuhörer oft: „Balthasar."

Weitere Rätsel zum Ergänzen: „Das sind die Weisen aus dem ... Morgenland". „Hier habe ich die heiligen drei ... Könige." Probieren Sie es ruhig aus. Können demente Menschen sich nicht mehr äußern, lächeln sie häufig, wenn sie die Figuren betrachten oder betasten können.

Damit die Figuren keine Schrammen bekommen, stecke ich jede einzelne zum Transport in einen Strumpf. So komme ich also stets mit einem Karton voller Socken und Krippenfiguren ins Heim. Als ich wieder einmal am Auspacken war, fragte ich in die Runde: „Was habe ich hier?"

Da antwortete ein Bewohner: „Die heiligen drei Socken."

Auf der Gefühlsebene begegnen

Sieben Grundgefühle, auf die Sie eingehen können

Es ist Advent. Der Wohnbereich des Altenheimes ist festlich geschmückt. Ein Tannenbaum mit Geschenkpäckchen steht in der Ecke. Die demente Frau Kniffmann greift nach einem Päckchen. Sie packt es aus. Eine andere Bewohnerin brüllt sie an: „Was tun Sie da? Das ist doch nur Dekoration." Frau Kniffmann lässt den Kopf hängen. Sie geht zur Seite und sagt: „Wo ist denn meine Mutti?"

Wie würden Sie mit Frau Kniffmann in dieser Situation umgehen?

Menschen mit Demenz begegnet man am besten auf

der emotionalen Ebene. Also nicht mit ihnen diskutieren, sondern ihre Gefühle ernst nehmen. In einer Situation wie oben frage ich mich daher nicht: „Wie kann ich dieser Person erklären, dass die Geschenkkartons nur Dekoration sind?" Sondern: „Welches Grundgefühl bewegt Frau Kniffmann? Und wie kann ich sie da abholen?"

Grundgefühl Freude

Vielleicht hat sie sich zunächst gefreut. Denn plötzlich lag ein Päckchen vor ihren Füßen. Frau Kniffmann war wohl überrascht. Wie kann ich gut reagieren?

Ich kann mich mit ihr freuen: „Sie haben ein Päckchen gefunden. Haben Sie früher an Weihnachten auch immer ein Geschenk bekommen?" Oder: „Geschenke sind etwas Schönes. Was ist denn das schönste Geschenk, das Sie jemals jemandem gemacht haben?"

Wenn ich sie auf der Ebene ihres Gefühls abhole, sind die Chancen gut, dass sie darauf eingeht. Vielleicht wird sie sogar vergessen, dass sie das Deko-Paket auspacken wollte – und es liegen lassen. Und selbst wenn sie es auspackt, ist es auch nicht so schlimm. Es nützt jedenfalls nichts, wenn man sich drüber aufregt.

Grundgefühl Trauer

In der beschriebenen Szene kommt es zu einer Auseinandersetzung. Frau Kniffmann lässt die Schultern hängen. Sie wirkt traurig. Sie fragt nach ihrer Mutter. Welches Grundgefühl sucht man bei seiner Mutter? Vielleicht Geborgenheit und Annahme.

Also kann ich zu Frau Kniffmann sagen: „Ihre Mutter ist eine wichtige Person für Sie. Was haben Sie mit Ihrer Mutter gerne gemacht? Hat sie Ihnen vorgelesen? Soll ich Ihnen auch etwas vorlesen?“ Oder ich sage zu ihr: „Was suchen Sie bei Ihrer Mutter? Was hat Ihre Mutter immer für Sie getan? Hat sie Sie in den Arm genommen? Kommen Sie, ich nehme Sie auch in den Arm.“

Weitere Gefühle

Freude und Trauer sind nur zwei Grundgefühle. Es gibt nach Paul Ekman noch fünf weitere Basisemotionen, die einen Menschen umtreiben können und auf die Sie eingehen können: Dazu gehören Wut, Angst/Furcht, Ekel, Überraschung, Verachtung. Um das Grundgefühl herauszufinden, ist es hilfreich, Gesichtsausdruck und Körperhaltung zu beobachten.

Lustige Irrtümer bei Redensarten

Sprichwörter aktivieren – lösen aber auch so manchen Lacher aus.

Jeder ist seines Glückes Schmied. Man soll den Tag

nicht vor dem Abend loben. Wer A sagt, muss auch B sagen. Solche Lebensweisheiten sind tief ins Gedächtnis älterer Menschen eingebrannt. Daher benutze ich sie beinahe täglich in der Aktivierung im Altenheim. Manchmal gibt es beim Raten aber auch Verwechslungen. In dieser Kolumne habe ich – quasi als lustigen Adventskalender – 24 Redewendungen aufgeschrieben, die im Heimalltag verwechselt wurden und ein Lachen auslösten.

Wichtig ist mir dabei: Ich möchte damit keinen dementen Menschen auslachen. Ich habe nur solche Verwechslungen aufgeschrieben, über die die Betroffenen selber gelacht haben. Daher gehe ich davon aus, dass sie es lustig fänden, wenn sie es hier lesen könnten.

Hier also 24 Versprecher aus der Arbeit mit dementen Menschen. Meistens finde ich die verwechselten Versionen noch besser und lustiger als das Original.

(1) Man soll den Morgen nicht vor dem Magen loben.

Richtig wäre natürlich: Man soll den Morgen nicht vor dem Abend loben.

(2) Man soll den Morgen nicht vor dem Atem holen.

Auch hier: Man soll den Morgen nicht vor dem Abend loben.

(3) Die Axt im Haus ersetzt den Fitzelmann.

„Fitzelmann“ habe ich noch nie zuvor gehört. Es wäre der „Zimmermann“, den die Axt ersetzt.

(4) Wenn zwei dasselbe tun, freut sich der Dritte.

Hier hat jemand zwei Redensarten zu einer gemixt. Und zwar: „Wenn zwei dassselbe tun, ist es noch nicht das Gleiche“ und „Wenn zwei sich streiten, freut sich der Dritte.“

(5) Man kann nicht auf zwei Hochzeiten tanken.

„Tanzen“ kann man bekanntlich immer nur auf einer Hochzeit.

(6) Man kann nicht auf zwei Hochzeiten heiraten.

Auch hier hieße es eigentlich: Man kann nicht auf zwei Hochzeiten tanzen.

(7) Zu Berge stehen ihm die Pferde.

Nein: Zu Berge stehen ihm die Haare. Obwohl sich „Pferde“ fast reimt auf „Berge“.

(8) Sie schmückt sich mit fremden Haaren.

Auch das stimmt nicht so ganz. Denn sie schmückt sich eigentlich mit fremden Federn.

(9) Wo Licht ist, ist auch Spatten.

Fast. Das gesuchte Wort hört sich so ähnlich an: Wo viel Licht ist, ist auch Schatten.

(10) Das ist das Ende vom Schwanz.

Stimmt nicht. Hier ist etwas anderes zu Ende. Nämlich das Lied.

(11) Mein lieber Freund und Kutschenbecher.

Hört sich lustig an. Aber richtig ist: Mein lieber Freund und Kupferstecher.

(12) Sie kann ihr das Wasser nicht … – Aha. Sie kann das Wasser nicht halten.

Hier wäre natürlich gemeint: Sie kann ihr das Wasser nicht reichen.

(13) Besser der Spatz in der Hand als die Katze auf dem Hof.

Eine ganz andere Tierart gehört in diese Redensart. Nämlich die Taube auf dem Dach.

(14) Er trägt seine Frau auf Rädern.

Nein, nicht auf Rädern fährt er sie. Er trägt seine Frau auf Händen.

(15) Sie schlägt sich etwas aus dem Knopf.

Fast. Nur ein Buchstabe müsste anders sein: Sie schlägt sich etwas aus dem Kopf.

(16) Mir platzt der Magen.

Schreckliche Vorstellung, wenn der Magen platzt. In echt heißt diese Redensart eigentlich: Mir platzt der Kragen. Aber auch das ist nicht viel besser ...

(17) Ihm sitzt ein Kloß in den Socken.

Da wäre er aber weit runtergerutscht, der Kloß. Denn eigentlich sitzt einem der ja im Hals.

(18) Mir wird es warm im Herbst.

Die Jahreszeit wird hier nicht gesucht, sondern das Organ: Mir wird es warm ums Herz.

(19) Ich glaub, mich trifft der Lappen.

Das mag vorkommen. In der Redensart trifft mich aber der Schlag.

(20) Wie Schuppen aus den Suppen.

Nein, die Schuppen fallen doch aus den Augen ...

(21) Augen zu und durch die Wand. Oder auch: Augen zu und ruh.

Zu beiden Versprechern heißt die eigentliche Redensart: „Augen zu und durch." Und dann ist die Redensart auch schon zu Ende – ohne dass jemand durch die Wand muss.

(22) Sie wickelt ihn um den kleinen Wingel.

„Wingel“ ist eine interessante Wortneuschöpfung. Gemeint ist hier der Finger, um den sie ihn wickelt.

(23) Klein, aber groß.

Hier gibt es verschiedene Redensarten, die infrage kommen: „Klein, aber fein“ oder „Klein, aber oho“.

(24) Und noch ein Fehler aus meiner eigenen Schreibwerkstatt. In einem Manuskript hatte ich geschrieben: „Sie krempelt die Arme hoch.“ Natürlich waren die Ärmel gemeint.

Frohe Weihnachten!

Hat Ihnen dieses Buch gefallen?

Schreiben Sie's uns auf www.brunnen-verlag.de

Ihre Meinung zählt!

Weitere Bücher von Uli Zeller:

Frau Franke sagt Danke
192 Seiten, Taschenbuch
ISBN 978-3-7655-4306-7

Frau Janzen geht tanzen
160 Seiten, Taschenbuch
ISBN 978-3-7655-4290-9

Frau Krause macht Pause
176 Seiten, Taschenbuch
ISBN 978-3-7655-4260-2

Menschen mit Demenz begleiten, ohne sich zu überfordern
Ein Ratgeber für Angehörige
128 Seiten, Paperback
ISBN 978-3-7655-2062-4

Brunnen Verlag Giessen
www.brunnen-verlag.de